北京市少年科学院"小院士"课题评选

U1075081

# 细节定成败

XIJIE DING CHENGBAI

赵　溪　主编

中国环境出版集团·北京

**图书在版编目（CIP）数据**

细节定成败 / 赵溪主编. -- 北京 : 中国环境出版集团，2018.10
ISBN 978-7-5111-3613-8

Ⅰ. ①细… Ⅱ. ①赵… Ⅲ. ①科学技术－活动课程－中小学－教学参考资料 Ⅳ. ① G634.73

中国版本图书馆 CIP 数据核字 (2018) 第 165256 号

**出 版 人** 武德凯
**责任编辑** 殷玉婷 沈 建
**责任校对** 任 丽
**装帧设计** 宋 瑞

---

**出版发行** 中国环境出版集团
（100062 北京市东城区广渠门内大街 16 号）
网　　址：http://www.cesp.com.cn
电子邮箱：bjgl@cesp.com.cn
联系电话：010-67112765（编辑管理部）
发行热线：010-67125803，010-67113405（传真）
**印　　刷** 北京建宏印刷有限公司
**经　　销** 各地新华书店
**版　　次** 2018 年 10 月第 1 版
**印　　次** 2018 年 10 月第 1 次印刷
**开　　本** 787×1092 1/16
**印　　张** 9.5
**字　　数** 160 千字
**定　　价** 50.00 元

---

【版权所有。未经许可，请勿翻印、转载，违者必究。】
如有缺页、破损、倒装等印装质量问题，请寄回本社更换

## 编委会主任：

张燕军　戴卫红

## 编委会（按姓氏笔画排序）：

马志洪　王冉冉　李晓葵　屈　源　周又红　郭建华　蓝　静

## 首席科学家：

丁　琛　中国科学教育促进会秘书长。毕业于中国科技大学应用化学系，英国南安普顿大学管理学硕士，先后在中科院生态环境中心、国家科技部、英国驻华大使馆、中科院培训中心工作，在国际科技合作和科教融合领域有多年工作经验。连续 7 年共组织超过五百名中小学生参加极地科考，完成科研论文 200 余篇，获得国内外青少年科技大赛奖项 100 多项。

赵　琦　首都师范大学教授，博导。先后在大学任教 30 年。在中科院植物所从事科研工作 10 年。多次出国高访及合作研究。曾获山西省科技进步二等奖、国防科工委科学进步优秀奖。

张海霞　博士，北京大学信息科学技术学院教授。国际大学生 iCAN 创新创业大赛发起人，国际 iCAN 联盟主席，全球华人微纳米分子系统学会秘书长，中国高校创新创业联盟教育研究中心学术委员等。她多年来专注于微纳技术和微能源的研究，取得了一系列丰硕的研究成果，发表论文 300 余篇，拥有 37 项中国发明专利和 3 项美国发明专利，出版专著 8 本。

## 专家组（按姓氏笔画排序）：

丁　琛　王红旗　王　涛　白　欣　朱　进　宋天乐
李　岗　李　雪　沈　健　杨景成　张海霞　张赫赫
林春藤　周又红　祖浩东　施建农　赵　琦　秦建军
高　颖　滕保华　穆道斌

## 评委组（按姓氏笔画排序）：

丁　琛　牛　琦　王　兰　王卫东　冯鸿君　刚永运
刘克敏　刘建华　陈宏程　李　雪　李雪梅　杨海燕
张俊菊　张　亚　岳　蕾　郝向朋　赵　鹤　赵　溪
侯利伟　桂　峤　袁　飞　高　颖　崔云鹤　谢　鹏
甄　奕　滕保华

## 策划与支持：

周又红名师工作室
中国科学教育促进会
北京市西城区青少年科学技术馆

## 本书组稿人（按姓氏笔画排序）：

王培元　王　喆　冯量达　毕　欣　刘浩然　闫莹莹
汪思涵　卓小利　岳　蕾　赵　溪　桂　峤　高　颖
寒　梅　甄　奕

# 序

《少年科学院“小院士”优秀作品集》伴随着评比活动，伴随着每一次的编写与出版工作，我们的编写目的也不断地调整。在这本书立项之初，我便思考一个问题：对于一本为参与活动的师生提供服务的书，能否从他们的实际需求出发，庖丁解牛一般剖析优秀案例，让读者以最便利的方式来汲取其中的关键信息。

要做到这一点，首先要明确优秀案例的标准是什么。如果单独看某一个研究项目，成绩应该是行之有效的评价标准；可如果将视角放大到所有项目，回溯到获奖的原因，就成了一个不小的难题。毕竟很多时候，辅导教师也无法解释项目 A 与项目 B 都是自己看好的项目，而两者所获奖项却不一样？为了回答这一问题，我从“小院士”活动的资深评委们入手，与他们进行深入地探讨，最终达成了一个共识——细节决定成败 。

一个好的研究项目，犹如一块顶端摆放着一颗红樱桃的奶油蛋糕。蛋糕部分是项目的科学基础，逻辑推理要符合科学认知，数据分析与实验设计要利用科学方法，要做到没有硬伤。奶油部分则是研究论文的行文，让评委能够在短时间内抓住关键信息，要做到通顺流畅。而那颗红樱桃则是项目的创新点，作为学生项目无法做到完全创新，但一定要画龙点睛。

如此种种，辅导学生做项目犹如制作西式糕点一般，有一套精确的流程与规定。可对于享用美食的人来说，却很难去体会这一系列的过程细节。所以将优秀作品集结成册，像是提供了一次美味的下午茶，虽然能够展现“小院士”们的能力，但对于想要参加“小院士”活动的师生来说教育性不足。所以本书的编写没有以作品为重心，而是选取了学生在研究过程中的种种细节，进行逐一的讲解与剖析，尽量让青少年科学研究的路径更清晰，让“小院士”们的经验去帮助更多的人。

本书结构遵循科学研究的三个主要阶段：顶层设计、研究过程与成果呈现。用既有理论方法和优秀案例的内容来进行呈现。编撰期间各位作者三易其稿，方有今日的成书，实为不易。

本书得到了中国科学教育促进会，周又红名师工作室与中国少年科学院北京地区组委会的经费支持，在此一并感谢。

赵　溪

2018 年 8 月 8 日

# 简介

北京市少年科学院“小院士”课题研究评审活动

在全国少工委、中国少年科学院的指导下，在北京少年科学院、西城区教委的大力支持下，西城区青少年科技馆、周又红名师工作室本着为全市少年儿童提供走进科学、认识科学、理解科学的广阔空间，促进全市少年儿童科学素养的提高，让越来越多的孩子体验科学的无穷魅力，依托科技馆新馆的硬件优势、师资优势以及开展科技教育活动的经验优势， 开展了“小院士”课题研究评审活动。

## 一、指导思想

以培养青少年创新精神和实践能力为重点，以科学体验活动为途径，以少年儿童校内外教育阵地为依托，利用多种社会资源，对少年儿童进行科学知识与技能、科学精神与态度、科学方法与能力、科学行为与习惯的培养。

## 二、主要任务

将科技培训、科技实践、科技竞赛相结合，通过培训、实践、竞赛等活动向少年儿童普及科学知识，发现和培养优秀少年科技人才，建设科技教育培训和科学体验组织阵地， 开展校外科技教育理论研究，举办国内外少年儿童科技交流，培训科技教师，建立并完善科技教育专家和导师团队。

## 三、具体工作内容

- ▲ 开展 “小院士”课题研究评选获奖作品展示交流活动；
- ▲ 运作和组织青少年科学考察及社会实践活动；
- ▲ 开展科技教师专题培训和青少年专项科研辅导；
- ▲ 开展北京地区“小院士”课题研究评选活动；
- ▲ 开展“科技创新教育论坛”活动。

# 北京市少年科学院“小院士”课题研究评审作品征集要求及评审办法

“小院士”课题研究评审活动是在科技创新教育的主题下，面向全体中小学生开展的以培养青少年的科学知识与技能、科学精神与态度、科学方法与能力、科学行为与习惯为目标的一项科技创新教育活动。其作品征集要求及评审办法如下。

## 一、申报

（一）申报要求：凡在当年自主完成的课题研究项目（论文或发明），并且未参加过北京市少年科学院“小院士”课题研究评审的作品。

（二）作者要求：作者需为中小学校（包括职业中学、特殊教育学校）的在校学生（从小学一年级至高中三年级），不能跨区县报名，跨学校合作只能由科技馆、少年宫、儿童中心合作完成。

（三）申报材料：申报人如实填写《北京市少年科学院“小院士”课题研究评审申报表》，推荐单位签署意见、加盖公章，申报人、指导教师亲笔签名，同时提供《课题研究论文》或《发明成果报告》原文一份，并用A4纸打印。另外，提供课题研究过程和发明过程的原始材料一份（可以是复印件）及研究过程照片至少4张，发明作品实物照片或演示视频一份。

（四）申报方式：每个项目将上述申报材料统一装在一个档案袋中，将《北京市少年科学院“小院士”课题研究评审申报材料》页（附件一）贴在档案袋外面，以学校为单位统一报送到北京市少年科学院“小院士”课题研究活动组委会。同时填写《北京市少年科学院“小院士”课题研究评审申报项目及信息汇总》，打印一份加盖公章并将清单电子版拷入U盘一并报送，现场拷贝审核信息后将U盘带回。

报送地点：西城区青少年科技馆（月坛北街3号），名师工作室（202室）。

（五）有关要求

1. 申报应坚持实事求是的态度。一旦发现弄虚作假或剽窃，立即取消其评审资格，并将情况通知其所在单位或上级主管部门。

2. 递交的作品有明显科学常识性错误的，取消参评。

3. 每名学生只准许申报一个项目。

4. 所有申报者必须是作品的合法拥有者，具有完整的知识产权。

5. 申报的材料，不退材料，不复函。

## 二、评审

评审分为初评和终评，终评包括现场答辩和创意展示。

（一）初评

组委会将聘请中国少年科学院专家组内相关专家及相关专业人士参与评审。根据中国少年科学院课题研究评审要求将申报的项目分为四个方向：发明创造、科学探究、社会调查、创意设计；四个组别：小学低年级组（1～3年级）、小学高年级组（4～6年级）、初中组、高中组，集体项目参与的人数不得超过三人，如果选手分别为不同年级，则按照其中最高年级划分组别；每一项目辅导教师最多不得超过三人。终评将从初评中选取优秀项目参与终评答辩和展示活动。

（二）终评

终评答辩和终评创意展示同时进行，初评结束后我们会尽快将进入终评的项目名单、具体分组、时间、要求等发到各申报学校负责教师的邮箱。

答辩展示时间：****

1. 终评答辩

答辩程序：先抽签确定答辩的次序，然后由选手借助PPT（或视频等）

对作品进行简要介绍。

介绍时间：小学组三分钟、中学组五分钟。

介绍要点：结合附件一项目简介（注意：PPT 和选手介绍不要出现学校名称、选手姓名、辅导教师姓名等信息）专家评审小组对其进行适当的提问，选手进行解答（四分钟）。

创新发明项目，答辩时带实物并演示。

为了体现大赛的公平、公正原则，我们采取公开答辩的方式，辅导教师、家长、学生可以旁听。

答辩地点：******

2. 创意展示

①要求：每个项目提供一块高 120 厘米、宽 90 厘米的展板。展板内容：问题的提出（假设）、方法与过程、数据与结果、讨论与结论。展板不能整版喷涂，要有自行创意、自行设计成分，充分体现学生的创意和动手能力（注意：展板要标明作品名称、作者年级、姓名，但不得出现学校、辅导机构名称和辅导教师姓名）。工程项目作品现场演示，体积要求高不得超过 1.2 米，长、宽不得超过 0.9 米，在规定体积内但作品偏重、不易搬动的项目可提前与组委会联系。展示过程中如果用 PPT 介绍需自带笔记本电脑，组委会给每个展位提供电源插口一个，标准课桌一张，工程项目如需多个插口可以自带接线板，耗电量过大的要向组委会提出申请。易燃易爆等危险品不得展出。

②展示地点：****

③互动交流：主动、热情地同参观者进行交流，有问必答，思维敏捷，思路清晰，互动能力强。

④说明：每个项目展示、答辩穿插进行，时间半天，期间评委将对展板内容的完整性、制作的整体性、动手成分、展示期间选手的交流互动能力等多方面进行全面综合评分。小学 1 ～ 3 年级组只参加答辩不参加创意展示。

三、组委会对当年的优秀项目推荐报送参加中国少年科学院组织的“小院士”课题研究评审活动，具体要求答辩时通知。

主办：北京市少年科学院

中国少年科学院北京地区组委会

协办：西城区教育委员会

西城区科学技术协会

承办：西城区青少年科技馆

周又红名师工作室

北京第二实验小学

附件一：

# 北京市少年科学院"小院士"课题研究评审申报材料

项目名称：________________________________________

作者信息：第一作者姓名：______________年级______________

第二作者姓名：______________年级______________

第三作者姓名：______________年级______________

所属区县 ：________________________________________

申报学校全称：________________________________________

| | 姓 名 | 工 作 单 位 |
|---|---|---|
| 辅导教师 | | |
| | | |
| | | |

项目申报组别：（请分别在符合的选项划√）

小学1～3年级□　　小学4～6年级组□

初中组 □　　高中组□

项目研究方向：（请分别在符合的选项划√，只能选择一项）

创新发明方向□

科学探究方向□

社会调查方向□

创意设计方向□

| 项目 | 初评（提交材料部分） | | | | | 总分合计 |
|---|---|---|---|---|---|---|
| | 选题 | 科学性 | 创新性 | 实用价值 | 严谨性 | |
| 分值 | 10 | 10 | 10 | 10 | 10 | |
| 得分 | | | | | | |

# 目录

# 目录

## 三、成果呈现

顶层设计

# 01 从相近选题中看研究思维

北京市西城区阜成门外第一小学 寒 梅

引言：在很多时候，我们的课题小组会针对某一课题进行相同的课题研究，并完成自己的研究报告。但当孩子们进入比赛评审环节，相同的课题却得到了不同等级的奖项，相同的主题、相近的研究方向、几乎相同的研究方法和数据，为什么参赛的结果不同呢？显然，不同的学生，有着不同的研究思维和表达方式，而本文希望能够从研究思维上给大家一些建议。

## 一、重视逻辑，表述简洁、描述有条理

以下是两个风格迥异的开头，你认为谁的印象分更高？

### 甲：研究背景

“水质决定体质，体质决定健康”。水是人类生命的第一要素，人每天要喝大量水，水质优劣与人体健康密切相关。目前全球有 100 多个国家缺水，其中包括中国。水污染是导致缺水的一个重要因素。据统计，中国 80%的污水未经处理直接排入水域，1/3 的河段受到污染，2 400 千米的河段鱼虾绝迹，90%以上城市水污染严重。水是生命的源泉，人类与水密不可分，我们的生产生活时时刻刻需要水。

然而，北海公园的水质很不理想，据资料显示：2010 年 1 月 16 日北海公园太液池南部角落的水面上浮现了几十条死鱼，除了几条三四十厘米的鲤鱼，大部分是鲫鱼。据公园管理处的工作人员介绍，每年冰化时都会出现这种情况。据专家分析，不排除湖水内含氧量减少导致鱼缺氧死亡。但是进水口却十分干净。这是为什么呢？我们决定去北海公园调查水质。

### 乙：研究背景

人体中有 70%是由水组成的，因此，水是人类生命的第一要素，水质决定了体质。经家长的推荐，我看了《水知道答案》这本书。上面说，水能听、能看、有感

觉。我便很好奇：作为一座国际化的大都市，同时也是水资源严重短缺的北京城，公园湖水的水质会是怎样的？人的行为对水质有着怎样的影响呢？

北京植物园我早已闻名于耳，它是国家 AAAA 级的旅游景点，都说北京植物园的湖水非常清澈，一眼就能看到水底沙石；景点里也有着很多对环保知识的宣传，人们非常守则，所以水质一直很干净。描述它的绝世古句我也知道几句，如“疏松月落空山静，浅水花开冷涧幽”等。

2010 年 10 月和 11 月，我分两次带着必备的材料来到北京植物园进行了检测。

**评分结果**

**甲的研究背景获得更高分数**

**原因分析：**

显然，甲的研究背景由于观点清楚、列数据、摆事实，表达清晰不夸张。而乙的介绍虽然用辞华美，充满文艺气息，但没有明确研究课题的目的和意义。在几百甚至上千份的候选作品中，相对于大段大段的抒发感慨、表达感受、描述现象，评委更希望看到的是用几个重点句或重点词有效地概括你所观察到的现象，你希望表达的主张或总结出的经验规律。不要用一大堆华丽的辞藻，让评委在大海中捞针，要用一根线穿上颗颗明珠，即用逻辑思维线贯穿几个重点词，表达清晰不夸张。

## 二、重视过程，注意原始数据积累，尽量手写

两位同学对调查水样的分布进行了地图标注，甲同学根据自己的经历，亲手绘制了地图；乙同学则直接将电子地图截屏，进行简单标注，你觉得哪个会有印象加分？

## 评分结果

甲的研究背景获得更高分数

**原因分析：**

相对于刻板的打印字体，评委更希望看到你亲自手写的笔记、手绘的设计图、随意写下的点滴感受，而这些完全可以通过扫描、拍照等形式把它完美呈现在你的 word 文档中，一份原始的数据代表着亲力亲为，更体现出你认真的态度。“小院士”的评委不提倡一切由老师或家长代劳，要让他们体会到你的诚意，一份手书的原始记录就是不错的“敲门砖”。

## 三、重视参与，强调学生是研究主体，体现亲自研究

以下是两位同学的记录单，我们再来对比一下。

### 同学甲：北海公园水质的分析

| 研究结论 | 样点名称和图片 | 样点名称 | 测试结果/（mg/L） | 平均结果/（mg/L） | 研究分析 |
|---|---|---|---|---|---|
| 人聚集的地方水质很差 |  G 渡船口 | D 小西天南门 | 19 | 17.0 | 人聚集的地方水质很差，因为这些地方人多，水质很容易受到人们丢弃的垃圾、食品和唾液的污染 |
| | | E 小西天东门 | 16 | | |
| | | G 渡船口 | 16 | | |

| 研究结论 | 样点名称和图片 | 样点名称 | 测试结果/（mg/L） | 平均结果/（mg/L） | 研究分析 |
|---|---|---|---|---|---|
| 离进水口远的地方水质较差 |  A 西门停车场 | A 西门停车场 | 13 | 13.3 | 离进水口越远，湖水遭受游船污染的可能性就越大 |
| | | B 公园管理处 | 13 | | |
| | | C 乘船码头 | 14 | | |
| 有荷花的地方较干净 |  O 永安桥 | L 荷花池 | 11 | 10.3 | 荷花是一种水生植物，它可以直接吸收污水中的重金属和一些有毒有害物质，净化水质 |
| | | O 永安桥 | 10 | | |
| | | P 陡山桥 | 10 | | |
| 进水口处的水最干净 |  I 进水口 | I 进水口 | 7 | 7.5 | 因为进水口的水是直接从后海进来的，没有污染过，所以进水口处的水最干净 |
| | | J 从进水口出来的水 | 8 | | |

## 同学乙：北护城河取样点测定结果

| 编号 | 取样点（地点、水温、名称） | 测定结果/（mg/L） | 现场环境描述 |
|---|---|---|---|
| 1 | A 26℃高粱桥边<br> | 25 | 水边有垃圾，水较清 |
| 2 | B 24℃高粱桥北<br> | 30 | 有人扔牛奶包装盒，无人清理 |
| 3 | C 25℃节能大厦门前<br> | 7 | 清澈见底，有小鱼并有专人清理 |
| 4 | D 26℃首钢小区北<br> | 7 | 有人游泳，水较清 |

| 编号 | 取样点（地点、水温、名称） | 测定结果/（mg/L） | 现场环境描述 |
|---|---|---|---|
| 5 | E 26℃远洋风景  | 9 | 有人钓鱼 |

评分结果

甲的研究背景获得更高分数

**原因分析：**

选取照片也很有学问，有的人认为选取的照片越多越好、越美越好，甚至从网上盗图。但实际上，评委更希望看到能够充分体现研究过程，支持自己理论研究，体现亲自参与的真实照片。有个别孩子把照片拍摄成风景画，甚至成了摆拍的艺术照，但其实这些在评委眼中都是不可取的。谁会在严肃的研究过程中咧开嘴对着镜头傻笑？谁会在街头暗访时和摆地摊的游商亲切合影留念？照相只是记录的手段，不是作秀的工具。

## 四、重视真实，科学容不得半点谎言

每个评委都经验丰富，拥有一双火眼金睛，任何篡改过的数据、语言中的矛盾点、不符合科学规律的主观臆想，都逃不过他们严格的审核。不要抱着侥幸心理，随意编纂没有验证的数据，直接窃取别人的成果更是不可取。对于虚假的数据、不科学的表述，评委们必将“零容忍”。“小院士”活动更希望把奖项给予那些有真想法、做真研究、追求科学真理的孩子。相信你就是其中一员。

这个环节就不用举例了，相信你能做到。

**点评**

学生参与课题研究，一个重要的目标就是培养他们科学的研究思维方式。一句话：重视逻辑，重视过程，重视参与，重视真实！

顶层设计

02

# 如何利用技术解决实际问题

北京市西城区青少年科学技术馆　闫莹莹

技术是解决问题的方法及其解决原理，是指人们利用现有事物形成新事物，或是改变现有事物功能、性能的方法。

计算思维是运用计算机科学的基础概念进行问题求解、系统设计，以及人类行为理解等涵盖计算机科学之广度的一系列思维活动。通过约简、嵌入、转化和仿真等方法，把一个看似困难的问题重新阐释成一个我们知道问题怎样解决的方法；选择一种合适的方式去陈述一个问题，或对一个问题的相关方面建模使其易于处理的思维方法；是利用启发式推理寻求解答，即在不确定情况下的规划、学习和调度的思维方法。

学生在进行了相关的技术学习和计算思维的训练后，能不能发现身边的问题并利用技术解决问题呢？

## 一、“技术宅”的“集结号”

有三个初二的同学带着对科学探索的梦想走到了一起。其中一个男生在读六年级的时候来到科技馆，他跟着我学习乐高机器人 3 年多，一直参加各种团体的指定任务类型的机器人竞赛活动。第二个女生，从小古灵精怪，小学四年级开始先后设计了自动滴灌花盆、报警滑板车、高层升降救援车等一系列小发明。最后一个女生，一直在参加各种普及类的技术活动，如计算机表演赛。当他们凑在一起，开始进行科学研究的时候，会发生什么呢？

## 二、“技术宅”寻找合适的课题

下图是我推荐给孩子们的耶鲁大学在线课堂《有关食物的心理学、生物学和政治学》。老师讲到关于食品标签的各种解读、排序、广告效应，普通人是否能够理解这些复杂的表格和专有名词所代表的含义？普通人无法快速通过标签来指导自己的饮食，标签上的这些符号和百分数，对于我们日常生活起不到真正的作用。

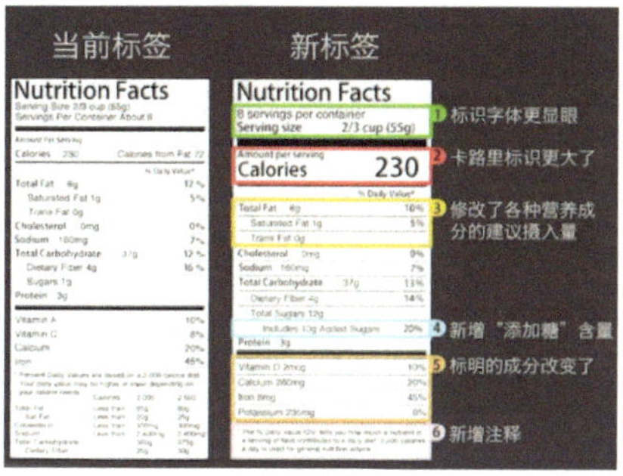


## 三、技术拆解

1980 年后，最先从美国开始，在各种食品的外包装上出现了标签。这也是随着食品加工的工业化，人工制品不断被添加到食物中，另外，就是糖的大量摄入导致肥胖和其他相关疾病的产生。

我的问题是，如何让我这样一个对这些内容一知半解的人，能快速看懂食品标签？之前有没有人做过这样的研究？对于我们这几位小朋友，这个选题他们是否可以完成？该从哪个角度切入进行？

学生们回去分别搜集了资料，进行了各种角度的思考，看看这个选题是不是适合自己。或者到底从哪个角度才能把这个标签问题转化成学生们自己可以完成的任务。

每个合格的产品都应该有营养标签，一般是这样的：

营养成分表

| 项目 | 每 100 克（g） | NRV/% |
|---|---|---|
| 能量 | 2301 千焦（kJ） | 27 |
| 蛋白质 | 6.7 克（g） | 11 |
| 脂肪 | 34.7 克（g） | 58 |
| 饱和脂肪 | 21.8 克（g） | 109 |

| 项目 | 每 100 克（g） | NRV/% |
|---|---|---|
| 碳水化物 | 55.7 克（g） | 19 |
| 钠 | 83 毫克（mg） | 4 |

第一列表示该食品包含的主要营养物质，第二列表示每 100 克该食品中含有的各种养分是多少，第三列表示每 100 克这种食物能够提供给人体每日该种物质需求的百分比。

选择食物时，一定要根据食物的重量换算第三列的数据，看看是否符合你的需要。例如，这个例子里，100 克食物已经超过了当天饱和脂肪的需求量，那就意味着你最好不要选择这种食物了。

通过持续的讨论，最后我们把研究内容定在：青少年吃零食是司空见惯的现象，吃零食对吗？什么样的零食是符合健康需要的？目前青少年吃零食是否安全、健康？如何才能使青少年零食的选择更加合理？如何实现这些想法呢，我们提出了青少年自主选择零食的理念，并开发了一款手机 APP，支持青少年科学地选择零食，达到健康食用零食的目的。

## 四、技术路线与技术实现

我们已经确定要做一款 APP，那么就要知道如何去实现这个 APP 的所有步骤。

### 1. 查找现有的类似 APP 软件

| APP 类型 | APP 名称 | 操作系统 | 功能特点 |
|---|---|---|---|
| 食品安全类 | 食品卫士 | ios4.3/Android | 提供食品安全信息查询，可通过扫描输入或手动输入商品条形码的形式检测该包装食品的危险物质、过敏原物质的含量 |
| | 食品安全黑名单扫描 | Android | 这款软件能够让人及时地了解所卖的产品是否合格 |

| APP 类型 | APP 名称 | 操作系统 | 功能特点 |
| --- | --- | --- | --- |
| 食品安全类 | 即刻食品安全 | Android | 通过食品安全资讯聚合、不合格食品公示、相关数据查询等功能，客观权威全面地反映食品安全现状，协助政府部门将重要信息快速传递给广大消费者，为消费者提供生活用品信息消费参考 |
| 运动管理类 | 乐动力 | ios/Android | 乐动力能够自动记录全天的运动量。如步行、跑步、坐车、宅在家里、呆在公司，乐动力都会把位置记录下来，形成运动日记本。乐动力根据人的身高体重信息，以及每天的运动情况，精确地计算卡路里 |
|  | 三星 Galaxy S Health | Android | 是一个健康管理的程序，它内建计步器以及运动记录功能，可以计算出人每天的走路步数并换算成消耗的卡路里数值；使用者也可自行输入每天摄取的卡路里量，每天记录管理，程序也会秀出人每天记录的数值曲线，让你做好个人管理。另外，三星也设计了一些可以与 S Health 搭配的配件，包括卡路里消耗记录手环、体重计或是心跳带等 |

## 2. 我们的 APP 需要实现哪些功能

食品安全类 APP 的主要功能是帮助各类人群在日常生活中判断包装食品中是否含有对人体健康产生不利影响的物质。运动管理类 APP 的主要功能是帮助记录全天的运动量和消耗的卡路里，掌握每天的活动状态，帮助改善身体健康，摆脱亚健康状态。

从以上调研结果可以看出，目前主流的食品安全类 APP 和运动管理类 APP 并没有针对不同人群的个体信息给出个性化的健康建议，即没有实现根据个人信息进行个性化管理，不利于中小学生自主管理。

因此，如果能设计一款具有以下功能的零食管理 APP，让中小学生可以自主管理每日零食中的营养摄入情况，将对中小学生的健康成长起到重要的作用：

能输入个人基本信息和健康信息（身高、体重、年龄、健康情况）。

能扫描食品包装上的条码信息或营养成分表信息，记录每日摄入零食食品中各种营养成分的含量。

能根据食品摄入量和营养成分的情况，结合个人健康信息（体重、身高、年龄）等进行分析计算，给出食用零食的健康建议。

## 3. APP 功能具体实现方式

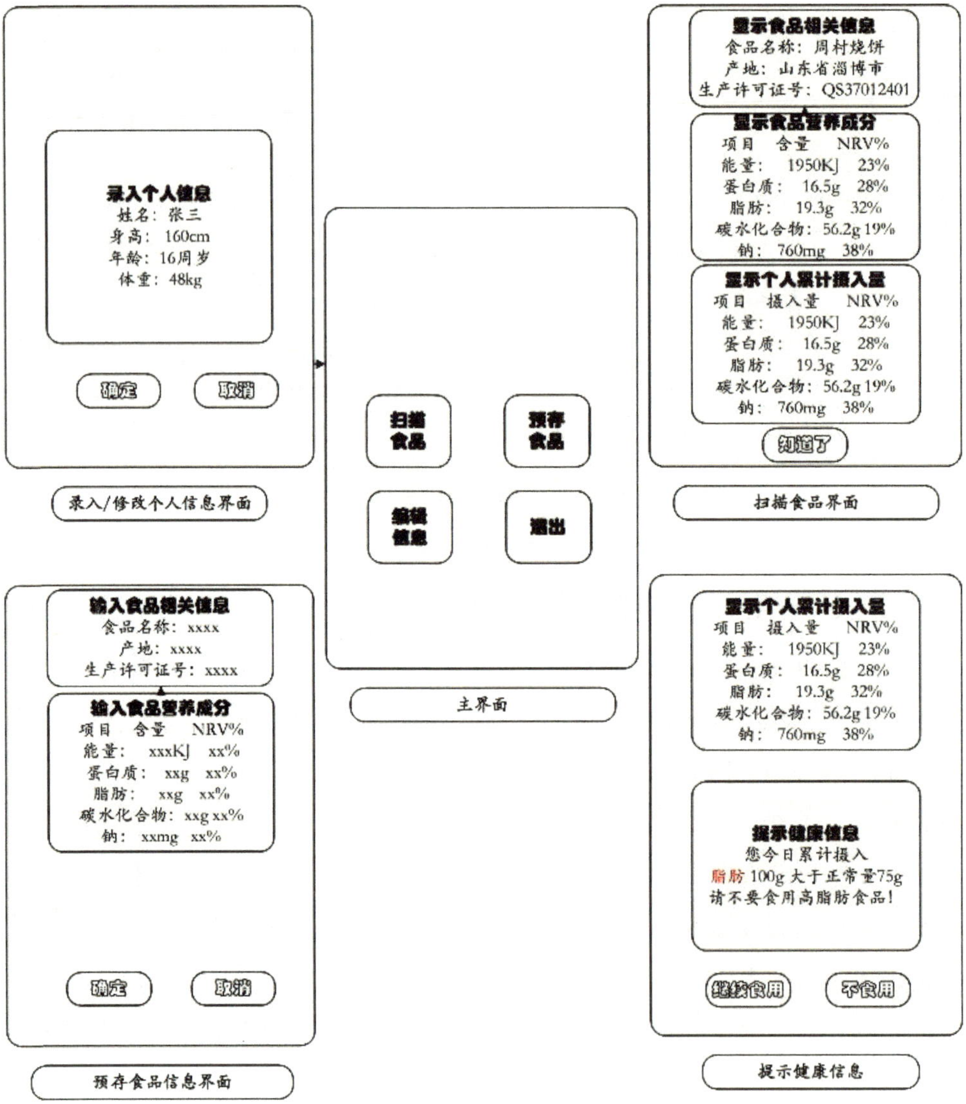

根据调查和资料整理，最终我们的APP整体的设计步骤是：

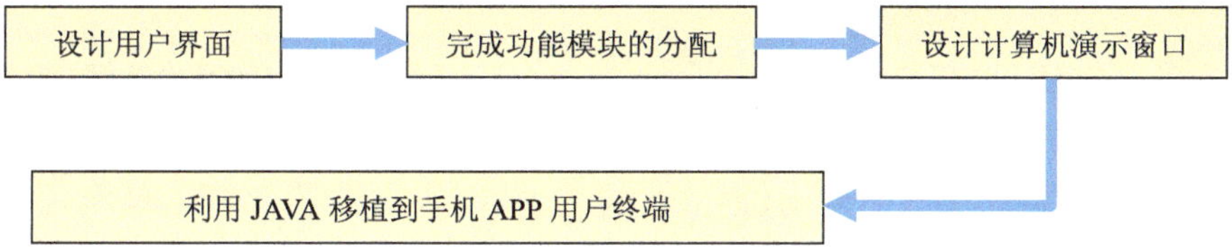


具体的操作流程为：

- 连接扫描枪到计算机，打开程序，进入主界面；
- 首次使用时录入个人信息，姓名、身高、体重；
- 在食用零食食品前，扫描条码，显示食品的营养成分，以及食品分级（可经常食用、适当食用和限制食用）；
- 点击查看食用该食品后摄入总量，显示各营养成分摄入总量，计算是否超标，给出能否食用的健康信息提示。

## 五、利用技术手段可以解决更多问题

初中学生的研究是很好的例子，他们利用自己所擅长的技术实现功能的方式，尝试解决自己身边的一个社会问题。当我再把这个例子讲给其他同学听的时候，受到启发的同学又设计了一款能够让小学生养成好习惯的，把自己的日常锻炼和学校期末体育测验成绩进行整合的APP。

**研究前景及目的**

**背景**

体育达标难倒了很多同学，挫败感让他们越来越逃避锻炼，这样下去身体素质很难提高！

利用手机 APP 记录同学们的课外锻炼成果，并将其转化为体育成绩的一部分，或许可以为同学们减压。

**目的**

1. 了解中小学生对体育达标考核的满意度和需求；
2. 探讨减轻学生体育达标考核压力的方法；
3. 模拟课外锻炼 APP 的应用场景，完成软件开发；
4. 提出推广课外锻炼 APP 的措施和建议。

## 六、总结

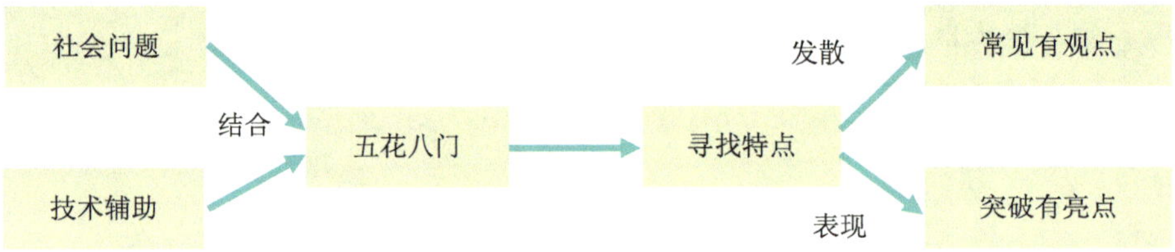

顶层设计

03

# 青少年科技创新项目创新性指导

北京市第八中学 高 颖

青少年科技创新项目，其特性是创新，而本质是教育。即要通过科技创新活动来提高学生的创新能力。对于高中生项目来说，常要借助大学或科研院所的力量来开展，在这期间学校老师如果不能予以正确指导，高中生容易“跟着项目走”，丧失了自主创新的意识与行为。下文的案例，就是老师在多年指导过程中精选出的，即利用多样化资源又坚持自我创新的学生项目。

学生进行科技创新学习，以项目式学习为主。学生们以兴趣开始，严谨认真地进行，以具创新性的精彩报告收尾。学生每一个项目的完成，都要经历认真地思索，广泛地涉猎，缜密地推理。而每个学习项目的创新性不仅是学生学习成果获得专家学者好评的重要证据，更重要的是学生通过项目学习挖掘项目的创新性过程而使学生的创新意识和创新能力得到极大地提高，从而对学习产生浓厚的兴趣，这是这项学习最大的价值。

在 2016 年夏天，我和中科院植物所资源植物研究组石雷老师团队的老师们全程策划这次活动，立足“资源枯竭型城市转型环境修复”的科学问题。中国内蒙古乌海——中国曾经的煤都，往日的辉煌已经随着资源的枯竭、生态环境的破环而消失，而政府也及时发现了这个影响国计民生的大问题。以乌海紧临黄河为绝好的地理条件，引黄河水进行环境修复，而引进哪些物种成了一个非常好的科学问题。当地有哪些可以利用的资源，更是环境修复必须解决的科学问题。在这个大前提下，由我带领我校高一科技实验班全体学生赴内蒙古乌海和包头，开展为期 8 天的科学考察活动，我们在乌海甘德尔山高山草甸地区、黄河岸边及乌海城市周边等地做了资源植物调查工作，在考察过程中，我校郭美慧、何世图、宋逸凡三位同学发现当地优势种——红砂群落出现岛屿状分布，在学生发现这一现象时，我和导师及时与学生讨论沟通，调整研究方案，细化研究内容，在甘德尔山上，开展大范围调查，获得第一手资料，如他们在论文中写到的“2016 年 8 月 12—13 日调查了区域位于乌海甘德尔山（地理坐标为 39°32′49″N，106°51′26″E）海拔 1 600 m 的亚高山草甸—灌丛群落，该群落以红砂（Reaumuriasoongorica）为优势种。以有红砂生长的 1 m×1 m、2 m×2 m、4 m×4 m、6 m×6 m 的方形地区作为样方。样方内主要植物包括红砂（Reaumuriasoongorica)、西北针茅（Stipasareptana Becher var)、驼蹄瓣（Zygophyllum fabago Linn.)、盐生车前（Plantagomaritima L. subsp. ciliataPrintz.)、黄芪（Stragalusmembranaceus (Fisch.) Bunge)、狗娃花（Heteropappus hispidus (Thunb.) Less.)、紫筒草（Stenosoleniumsaxatile (Pall.)Turcz.)。

在对群落特征的调查时，为了防止边缘效应，增加数据的代表性，选取了 3 组有红砂生长的方形样方并且样方均距沙地荒漠边界 10 m 以上。分别测定样方中的植物种类、个体数、叶层高、盖度、物候期、生活力、相对多度、种群密度。样方内所有植物均在无放牧影响范围内，因此植物群落在本样方内的情况基本可以反应该群落在本地区的生存状况。”

自从发现了这样一个自然现象，启发学生对乌海自然环境进行调研，孩子们对乌海的自然地理有了深刻的认识，如在论文中详细写到。

## 研究区概况

### 1. 地理位置

乌海市位于我国内蒙古自治区西南部，黄河上游，其地理区位为东经 106.36°—107.05°，北纬 39.15°—19.52°。

### 2. 地形地貌

乌海市东西边缘有桌子山和五虎山，城市中部为甘德尔山，甘德尔山山岭东西宽 1.5～10 千米，南北长 24 千米，海拔标高一般为 1 300～1 650 米，最高峰达 1805.2 米。

## 3. 气候

乌海市日照时间长，年平均时数可达 3 133.1 小时，降水量少，年平均降水量只有 165 毫米，蒸发量大，年平均蒸发量高达 3 343.3 毫米，是年降水量的 21 倍，巨大的蒸发量和降水量反差使当地气候干燥，相对湿度低。

乌海市风沙大，春夏主要风向为东南风，冬季受强大的蒙古高压控制，盛行西北风，春季风速是四季风速最大的季节，故春季与春夏相交之际，常发生大风、沙尘暴。沙尘暴发生很频繁，每年平均 21.7 天，最多年份可达 50 天。

## 4. 植物类型

据园林部门资料显示，乌海市植物群落分布以荒漠植被、沙化植被、干旱草原植被、草地荒漠植被、草甸植被 5 种植被类型为主。

## 5. 土壤类型

乌海市的土壤类型以灰漠土和风沙土为主。

同时引导学生查阅关于“肥岛效应、优势种、伴生种”等相关生态学知识及相关科学研究的资料，帮助学生学习量化统计等生物学统计分析方法，学生们根据自己的研究，用 Excel 软件进行数据计算，并比较个体数、叶层高、盖度、物候期、生活力、相对多度、种群密度等数据。

围绕肥岛效应和伴生种、优势种等进行了深入的结果分析，他们发现“红砂属柽柳科，为旱生、超旱生小灌木，具有很强的抗旱、耐盐和集沙能力。此次调查中，红砂为甘德尔山上的优势种，红砂群落周围生长的伴生种有针茅、驼蹄瓣、中亚滨藜、白茎盐生、黄芪等。它们与红砂之间产生了肥岛效应，且通过数据发现，肥岛效应产生了增益效果，双方互促生长。

并且发现与红砂伴生种的驼蹄瓣，是在研究区内发现的数量最多，分布最广的

红砂的伴生种。驼蹄瓣是盐碱生植物。（见表 1）

另外的西北针茅属较多类型，西北针茅是鸭跖草亚纲、禾本目类植物。（见表 1）

表 1　不同样地红砂伴生驼蹄瓣、西北针茅调查表

| 群落名称 | 物种名称 | 样方编号 | 层高 | 株丛数 | 盖度% | 物候期 | 生活力 |
|---|---|---|---|---|---|---|---|
| 红砂 | 红砂 | 1 | 35 | 1 | 32.49 | 末花期 | 中 |
| 红砂 | 红砂 | 2 | 43 | 1 | 19.45 | 叶期 | 中 |
| 红砂 | 红砂 | 3 | 36 | 1 | 29.40 | 叶期 | 中 |
| 红砂 | 驼蹄瓣 | 1 | 10.5 | 9 | 9. 00 | 叶期 | 中 |
| 红砂 | 驼蹄瓣 | 3 | 11.5 | 10 | 10. 00 | 叶期 | 中 |
| 红砂 | 西北针茅 | 1 | 43 | 22 | 10.00 | 叶期 | 中 |
| 红砂 | 西北针茅 | 2 | 60 | 16 | 20.00 | 叶期 | 中 |
| 红砂 | 西北针茅 | 3 | 13 | 1 | 4.00 | 叶期 | 弱 |

## 中亚滨藜

中亚滨藜是一年生草本植物，生于荒野和平原荒漠，具有一定的抗旱能力。其从土壤中获取盐类物质促进其萌发生长。在土壤含有的众多盐中，$Na_2SO_4$ 的抑制作用最小，NaCl 的胁迫作用对种子生长的抑制作用最强。（见表 2）

表 2　不同样地红砂伴生中亚滨藜调查表

| 群落名称 | 物种名称 | 样方编号 | 丛数 | 相对多度 | 相对密度 | 盖度% | 生活力 |
|---|---|---|---|---|---|---|---|
| 红砂 | 红砂 | 4 | 3 | 0.071 4 | 0.071 | 22.06 | 中 |
| 红砂 | 红砂 | 5 | 3 | 0.069 8 | 0.070 | 26.4 | 中 |
| 红砂 | 中亚滨藜 | 4 | 1 | 0.032 8 | 0.024 | 0.36 | 中 |
| 红砂 | 中亚滨藜 | 5 | 3 | 0.069 8 | 0.070 | 2.00 | 中 |

## 白茎盐生草

白茎盐生草为黎科盐生草属一年生草本植物，又称为蛛丝蓬、蓬蒿等，多生于草原、荒漠和半荒漠地带的干旱山坡等。白茎盐生草耐干旱，耐盐碱。（见表 3）

## 蒙古黄芪

蒙古黄芪为多年生草本植物，适宜在土层深厚、富含腐殖质、透水力强的沙壤土种植。（见表 3）

表 3　不同样地红砂伴生白茎盐生草、蒙古黄芪调查表

| 群落名称 | 物种名称 | 样方编号 | 丛数 | 相对多度 | 相对密度 | 盖度% | 生活力 |
|---|---|---|---|---|---|---|---|
| 红砂 | 红砂 | 1 | 1 | 0.022 7 | 0.023 | 32.49 | 中 |
| 红砂 | 红砂 | 2 | 1 | 0.043 5 | 0.043 | 19.45 | 中 |
| 红砂 | 红砂 | 3 | 1 | 0.076 9 | 0.077 | 29.40 | 中 |

| 群落名称 | 物种名称 | 样方编号 | 从数 | 相对多度 | 相对密度 | 盖度% | 生活力 |
|---|---|---|---|---|---|---|---|
| 红砂 | 白茎盐生 | 1 | 15 | 0.200 0 | 8.400 | 2.00 | 中 |
| 红砂 | 白茎盐生 | 3 | 15 | 0.130 0 | 5.200 | 10.00 | 中 |
| 红砂 | 黄芪 | 1 | 15 | 0.200 0 | 8.400 | 1.00 | 中 |
| 红砂 | 黄芪 | 2 | 12 | 0.080 0 | 4.100 | 0.10 | 中 |

在实地观察和基本的数据分析中他们分析了肥岛效应的形成机制，肥岛效应中优势种所能提供的养分可以促进伴生种生长。优势种红砂周围土壤盐分聚集较多，主要是由于根系选择吸收下层土壤盐分（以 $Cl^-$、$SO_4^{2-}$、$Na^+$为主），并运移到枝叶，而后通过凋落物将盐分返还土壤的结果。钠离子在红砂灌丛下的富集程度更强，而 $SO_4^{2-}$和 $Cl^-$在灌丛内外的积累速率基本处于平衡状态。在上述伴生种中，中亚滨藜的生长条件中对土壤盐分的需求为硫酸钠，因为 $Na_2SO_4$ 抑制作用最小，而排斥 NaCl，因为 NaCl 对其抑制作用更大。这种生长需求与红砂聚集 $Na^+$、$SO_4^{2-}$和 $Cl^-$在灌丛内外的积累速率基本处于平衡状态的情况相对应，说明红砂确实有促进中亚滨藜生长的作用。对于驼蹄瓣，其种子萌发时需要一定浓度的离子来激活有关酶的活性，所以低浓度碱性盐对种子发芽有促进作用，但过高浓度的离子则造成了离子毒害作用。土壤中红砂富集 $CO_3^{2-}$的能力非常弱，而其灌丛下钠盐居多，所以利于驼蹄瓣生长。对于其余三种伴生种来说，红砂具有富集土壤有机质，全效氮、磷、钾及速效氮、磷、钾的能力，氮磷钾三种元素是植物生长所最需的养分，并且灌丛下水分也较多，在干旱半干旱地区，灌丛周围形成了非常良好的生长环境，研究得知氮素和水分的交互作用可以明显提高禾本科植物的生物量，所以红砂灌丛可促进蒙古黄芪、西北针茅、白茎盐生草的生长，肥岛效应起到了增益效果。

结合他们的实地研究，在回京后，又学习了很多文献，他们对自己的研究结果又进行了深入地分析和讨论：“优势种对群落的结构和群落环境的形成有明显控制作用的植物种，它们通常是那些个体数量多、投影盖度大、生物量高、体积较大、生活能力较强，占有竞争优势，并能通过竞争来取得资源的优先占有地位，即优势度较大的种。

红砂属于泌盐植物，周围土壤盐分含量较高，且盐分的富集具有很强的表聚性，在一定程度上抑制了非耐盐植物种子的萌发。红砂周围土壤有机质，全效氮、磷、钾及速效氮、磷、钾均在灌丛下富集。红砂灌丛下土壤水分状况明显好于灌丛外空地，灌丛内土壤黏粒和粉粒含量明显高于灌丛外，而沙粒含量低于灌丛外。综上所述，红砂形成了优势种，产生肥岛效应。

提出“利用肥岛优化环境”的观点，并详细分析，从地理位置对植物生长的影响角度分析，由于研究区域是高山草甸，以山地为主，因此坡向坡度也要作为影响因素加以考虑。经资料显示，不同坡向梯度分布的红砂生长特征差异均显著。随着坡向由南坡转向西坡、东坡和北坡，红砂种群的根冠比呈逐渐减小趋势，从南坡到北坡减小了 48.08%；密度、高度、根深和比根长呈相反的变化趋势逐渐增加，从南坡到北坡分别增大了 1.5 倍、0.53 倍、1.8 倍和 0.57 倍。这些生长特征值在东坡和西坡之间无显著差异。同时，不同坡向红砂草地群落和土壤水分特征存在差异。随着坡向由南坡向西坡、东坡和北坡转变，土壤含水量呈递增趋势，由南坡的 6.1%增加到北坡的 11.5%，土壤水分在南坡具有最小值，北坡具有最大值；从南坡到北坡，草地群落的盖度、密度、高度、地上生物量和地下生物量呈递增趋势，群落盖度增加了 2.61 倍，群落密度增加了 2.13 倍，群落高度增加了 31%，地上生物量增加了 67%，地下生物量增加了 93%，且在东坡和西坡之间无显著差异。表明在 4 个坡向中，北坡生境条件最适合植株的生长。

从伴生种的选择角度分析“由于红砂多生长在干旱半干旱地区，因此红砂的伴生种需要有强适应能力，可耐寒旱，且有一定的经济效益。

在调查区域中，伴生种主要有西北针茅、驼蹄瓣、盐生车前、狗娃花、黄芪、白茎盐生和紫筒，其生存能力依次递减。因此，主要伴生种为西北针茅、驼蹄瓣、盐生车前。西北针茅生存能力强，无论与红砂伴生还是单株生长，生长情况都良好，但是盖度较小。驼蹄瓣对水分的需求与其他二者相比较大，与红砂伴生的植株生长情况较好，而单株较少且枯萎。盐生车前适应能力较强，适于盐碱地、戈壁。

根据各植物特性，可做如下安排：在水分较多的北坡，可以主要种植红砂和驼蹄瓣。而在环境较北坡恶劣的南坡，可以种植红砂和西北针茅、盐生车前。另外，经查阅资料，我们发现香根草也是伴生种的极佳选择。香根草具有适应能力强、生长繁殖快、根系发达、耐旱耐瘠等特性；有“世界上具有最长根系的草本植物”“神奇牧草”之称；被世界上 100 多个国家和地区列为理想的保持水土植物。同时香根草的经济效益极高，是品质优良、高产稳产的青饲料作物、优质手工编制材料和工业造纸、香精的原料。香根草的芳香成分可用来防治蛀虫，一些地方用来生产香水，还可药用。

并提出“据观测表明，红砂 3 月上旬萌动，3 月底—4 月初开始展叶，7 月下旬—8 月下旬开花，10 月上旬—10 月下旬种子成熟。因此在 5 月左右，红砂是生长最好的时间。5 月是大多数伴生种的花期，因此伴生种和红砂最好同时播种。

多样性程度对环境改善也起关键性作用。多样性程度大，可使周围形成肥岛区域的面积增大，经济效益多种丰富，而其反面影响也存在，如伴生种间可能形成竞争关系，导致养分不均，植物生长过盛或过衰。因此，在种植时，在一片集中区域内最好种植 1～2 种优势种、伴生种，种群密度不宜过密，以保证植物吸收充足养分。

他们认为：在当下的中国，环境保护。环境修复越来越受人们重视。但是，在环境修复的过程中，总要面临着如何让环境修复不成为一时之计而成为一世之计。

在这种情况下，先对环境进行初步修复，使其具有使生态系统自行运转的条件之后再引入生态系统，并通过肥岛效应来富集资源，无疑会使初步的环境修复进程大大加快。因此，以甘德尔山高山草甸为研究对象，开展相关田间数据采集，通过植物种类、个体数、叶层高、盖度、物候期、生活力、相对多度来讨论谁为优势种和伴生种，论证优势种对伴生种的增益效果，从而论证红砂群落的岛屿状分布对环境的优化作用及对当地植物的增益作用。他们的课题首次以甘德尔山高山草甸地区为研究区域，以生态学多指标来论证自然状态下本土植物之间关系，以如何发展本土植物从而恢复生态为出发点是目前生态学非常提倡的最新生态理论，他们为乌海地区生态恢复提出的由当地优势种——红砂及伴生种同时播种的观点得到专家的认可，也是这个项目的创新性所在。

这样的创新点是在研究选题和研究过程的不断深入中逐渐挖掘出来的，在学生们不断探索的过程中，导师和我给予学生必要的生态学知识，在引导他们做深入的生态学调查之外，还做了一个很重要的工作，就是启发学生深入学习生态学理论，并将理论与甘德尔山的生态实际密切联系，从中发现新问题，寻求解决新问题的方法。我们认为引导孩子们去发现，为学生提供发现的平台和机会才是培养创新人才的关键！

创新源于发现，创新源于思考；创新成就成熟，创新成就成长！

顶层设计

04

# 从“仰望星空”到“脚踏实地”

## ——从安全环保泄洪井盖的研制浅谈学生成长

北京第一实验小学　桂　峤

学生们在接触科技发明之初，都存在着这样或那样的问题。很多问题会随着学生对科技发明的逐步深入了解后，较为顺利地得到解决。但一开始学生选择什么内容作为自己的研究方向，我认为这是后续研究能否取得成功的关键因素之一。那么学生该如何选题？教师要如何引导？后续论文撰写要侧重哪些方面呢？希望本文能给大家提供些许帮助。

2015 年学校的“科妙节”评比现场，一个小男孩提着一个插着管子的大水壶安静地坐在教室的角落，但其他孩子们并没有被这个笨重的大水壶所吸引。我走到了这个略显孤独的学生边上，仔细看起了他的大水壶。原来，他这个插满管子的大水壶是一个净水器。后来，就是这个不爱说话的小男孩，带着他看起来笨重的大水壶，经过几次的修改之后，不仅在 2015 年北京市少年科学院“小院士”课题研究活动中展示了自己，还在中国少年科学院“小院士”课题研究成果全国展示交流活动中取得了好成绩。

2016 年，这个小男孩乘胜追击，又设计出了“安全泄洪井盖”。这个内向的小男孩名叫殷启宸，他是如何推开科技的大门，并且一步一步脚踏实地地把自己的想法变成发明创造的呢？

## 一、仰望星空，寻找科技之路上的“北极星”

“老师，发明是科学家的事！我们做不了。”

“老师，我想做个能把坏人冻住的机器，您说行吗？”

“画设计图好难。还要做出来，怎么可能？”

“……”

当学生提出各种想法或者存在畏难情绪时，就需要教师根据学生的特点，引导学生留心生活，从想研究身边有趣但无法研究的问题，转向关注身边人、事、物并进行筛选、确定自己的研究方向。

殷启宸有非常多的奇思妙想。他的家长从他一年级开始就陪着孩子一边观察生活，一边做各种有趣的小发明。便携式净水壶的想法就源于观看野外生存类节目，想为野外生存的人们提供更干净的水源。想法在2015年得到了评委老师的肯定，他更加有信心了。在2015年的暑假结束时，他拿着两个新发明的设计图找到了我。一个设计与毛笔有关，另一个设计则与泄洪井盖有关。当问到为什么会有这样两个设计时，他告诉我毛笔的设计源于自己在书法课上遇到的问题，而泄洪井盖的想法则与自己在新闻中关注到的城市暴雨后积水不易排走、又易造成人员伤亡和财产损失有关。“你认为这两个设计中，哪个能给更多人提供更多的帮助呢？”当听到我这个问题后，他意识到了发明要满足人们的日常需要、解决人们生活中的问题，并明确了自己的研究方向——泄洪井盖。

## 二、脚踏实地，成为科技之路上的前行者

### 1. 查阅资料

在明确了研究方向后，殷启宸同学通过查阅资料，发现了造成暴雨后城市大面积积水和内涝灾害发生的原因：

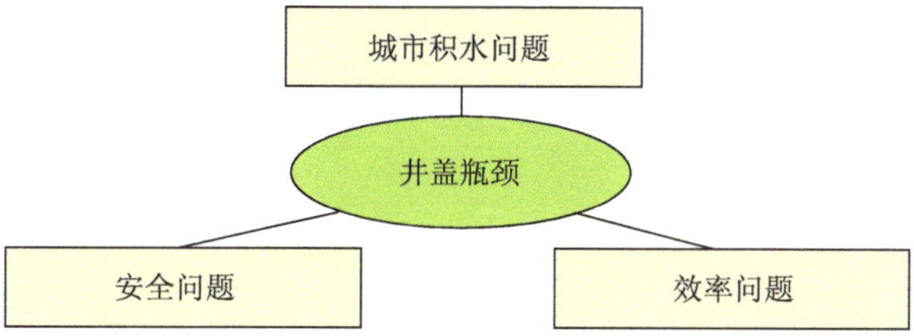


### 2. 设计思路

由此，他想到为了解决“井盖瓶颈”的三个问题，新型井盖应具有以下功能：

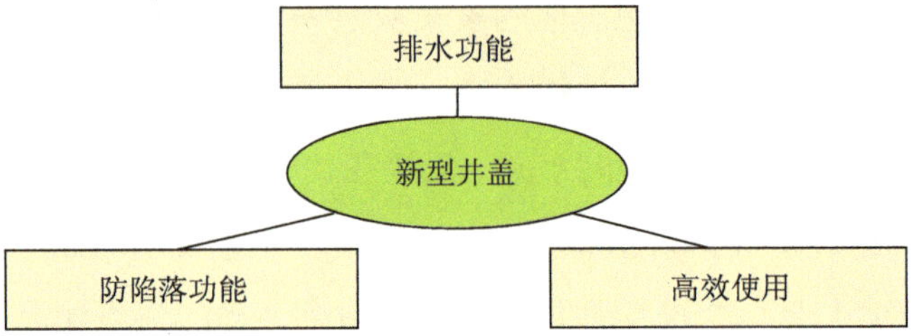


## 3. 安全环保泄洪井盖的三次设计修改

通过查找资料，他了解到了现在市面上新型井盖的情况，根据新型井盖应该具有的三个功能，开始了自己的设计。当然，设计并不是一帆风顺的，他先后设计的两种新型井盖都存在一些问题，经过了几次的设计、修改后，才一步步的有了我们现在看到的安全环保泄洪井盖的雏形。

（1）井架式泄洪井盖：井架式泄洪井盖，能够最大限度地使积水快速排入排水系统，但高出地面的井架，会给来往车辆造成一定的安全隐患。

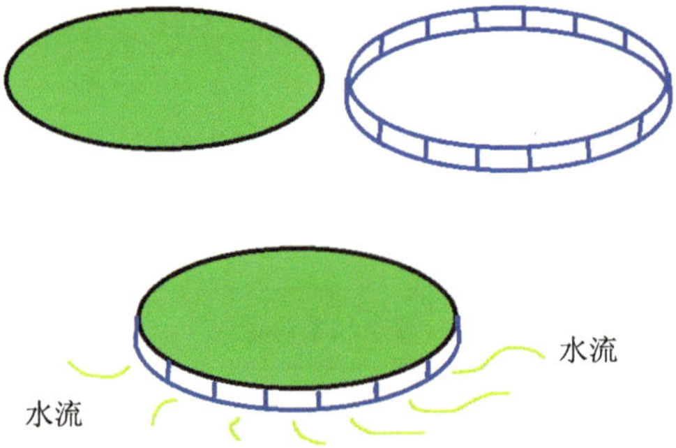


井架式泄洪井盖

（2）翻开式泄洪井盖：翻开式泄洪井盖解决了井架高出地面给来往车辆造成安全隐患的问题，但新的问题又来了：当需要泄洪排水时，需要人工手动打开井盖，并且把井盖放在旁边，这种井盖的设计并不方便、高效。

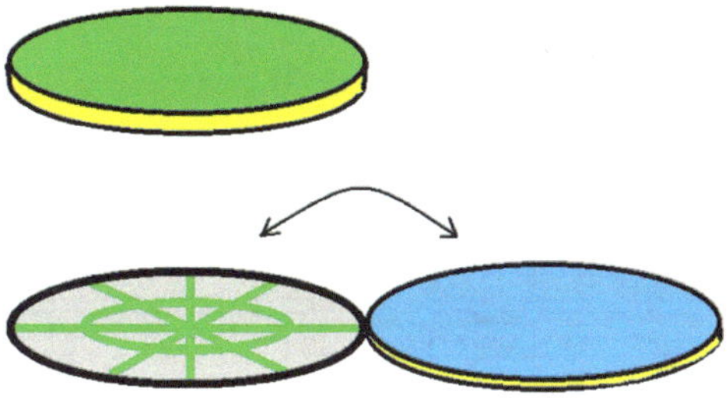

翻开式泄洪井盖

上图：井盖闭合状态　　下图：井盖打开状态

(3) 安全环保泄洪井盖：遇到设计瓶颈的他，从家中地漏的设计中获得了灵感，地漏既可以满足基本的排水和安全需要，又解决了排水时需要把井盖掀开放在旁边的问题。

至此，安全环保泄洪井盖的雏形渐渐清晰：在地漏造型的基础上，增加底层转动拨片阀门来实现开启、关闭排水功能。

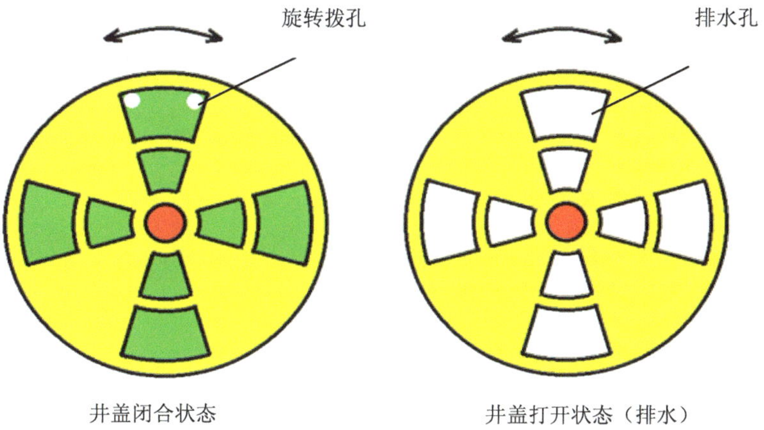


安全环保泄洪井盖俯视图

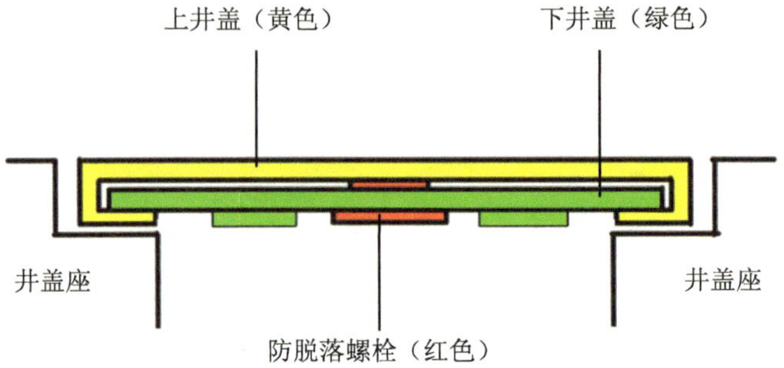


安全环保泄洪井盖侧面图

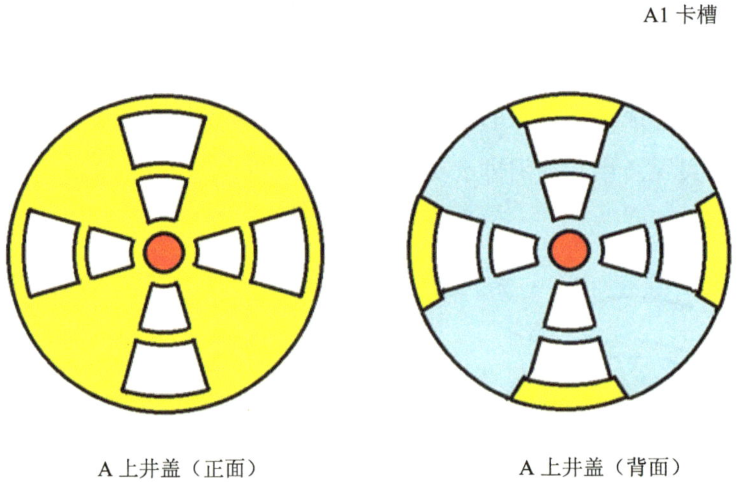


上井盖结构

B1 防上涌旋转拨条

B 下井盖（正面）

B 下井盖（背面）

下井盖结构

## 4. 材料选择及模型制作

（1）材料选择：由于新型井盖采用了双层结构，会使制作成本和重量增加。但是经过研究，发现可以采用新型复合环保材料的方式来解决这两个问题。

通过再次查阅资料，殷启宸发现：传统的井盖 90%以上使用铸铁材料，要消耗大量的钢铁资源。最后，他选择采用玻璃钢等新型复合环保材料制作，在保证质量的同时，可以比传统井盖减轻重量的 1/3，减少材料和能源消耗一半以上，可以极大地保护环境资源。

（2）模型制作：设计完新型井盖后，殷启宸利用泡沫塑料、玻璃瓶等材料制作了一个等比例模型进行了实验验证。发现它可以兼顾安全、排水、高效的要求，比较圆满的实现了自己的设计目标。

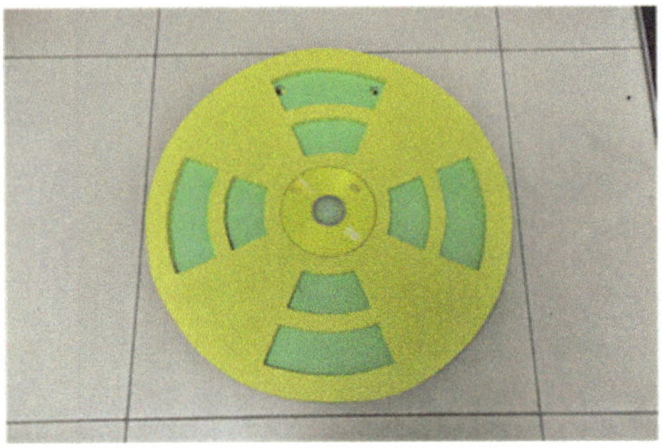

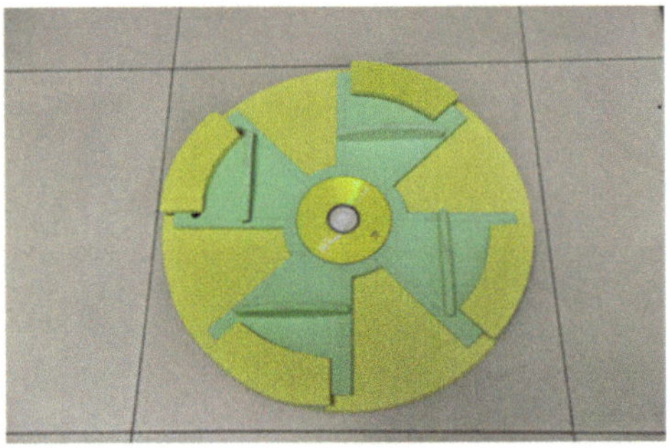

两年的时间，殷启宸把两个他关心的问题变为了“净水壶”和“安全泄洪井盖”，而在把想法变为发明的过程中，也让他从一个腼腆的小男孩成长为一个能主动向评委阐述自己设计理念的“十佳小院士”。

孩子们一步一个脚印的走在自己的科技之路上，而家长、老师和“小院士”课题研究活动共同见证了他们的成长……

# 研究过程

# 01

## 参考文献的查阅著录

北京市第四中学　卓小利

一名初三的学生来找我讨论选题，她生活在老北京的胡同里，胡同里的卫生间为公共卫生间，或者自己家改建后新装的独立卫生间。但改建后的新装独立卫生间时常会发生堵塞问题，给生活带来了困扰，因而她决定围绕这个选题开展研究。听取了她的描述后，我支持她的研究，最终确立为《北京市胡同平房区卫生间堵塞问题研究》，并建议她进行文献研究和项目查新。

## 一、参考文献及其在科学研究中的价值

参考文献是科学研究过程中，对某一著作或论文的整体参考或借鉴。按照《信息与文献　参考文献著录规则》（GB/T 7714—2015）的定义，参考文献是指“为撰写或编辑论文和著作而引用的有关文献信息资源”。

文献研究可以帮助我们了解前人和他人的研究，是获得知识的捷径。通过文献研究还可以借鉴有益的研究理论、思路和方法，用较少的人力、经费和时间获得更多的信息。但参考文献的查阅有一定的方法，只有方法得当才能够高效地获得有价值的文献。

## 二、如何进行文献检索

文献检索不仅是一个资料查找，收集的过程，也是一个分析、研究的过程。面对海量的资料，要学会甄别，选择真正符合客观事实和规律的资料，并在此基础上进行进一步深入研究。

### 1. 参考文献的来源

参考文献的来源有多种，如专业书籍、期刊、文献数据库、网站、专业网站等。其中文献数据库的应用较为广泛，如中国知网、万方数据库等包含多种专业期刊杂

志、中国优秀博硕士学位论文等数据。

中学生在查阅资料的时候往往首选“百度”等网站，不可否认“百度”作为国内应用广泛的搜索引擎，可以提供大量信息供参考。但这些信息鱼龙混杂，需要我们进行筛选和甄别。就像学生在研究中描写到“除此之外我还就下水道堵塞的事件及处理方式进行了查找，只在百度搜索引擎输入‘下水道堵塞’查找新闻就找到相关新闻约 106 000 篇，既有国内的也有国外的，可见这成为了一个国际化大问题”。但这海量的信息，需要学生进行筛选，确保信息的科学性和真实性。

因此，在研究过程中，最好选择专业书籍、期刊文献、文献数据库等作为参考文献的来源。

## 2. 文献检索的方法

在文献检索过程中，可以采用主题、全文、篇名、作者、单位、关键词、摘要、参考文献、中图分类号、文献来源等多种方式进行查询。下面将以文献数据库“中国知网”为例介绍参考文献检索的方法。

使用“主题”或“关键词”进行搜索是最为常用的检索方式。

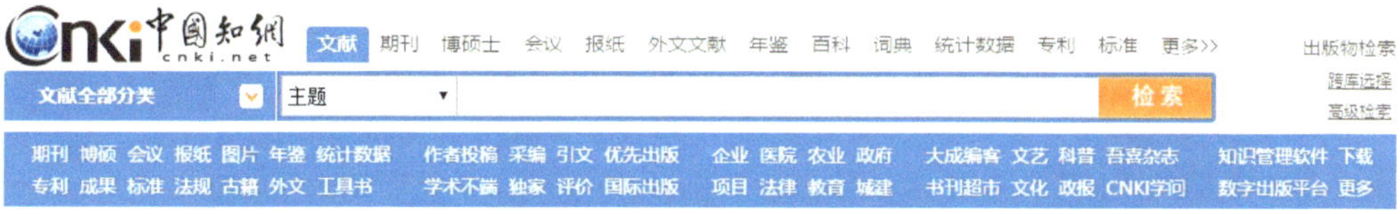


这个同学想研究北京胡同平房区卫生间堵塞的问题，首先要确定关键词：“卫生间”“下水道”“堵塞”。然后将关键词分别或组合输入检索栏，如键入“下水道堵塞”进行检索。检索发现 213 条相关信息，之后通过阅读主题和摘要等信息，进一步筛选需要的文献进行下载学习。

除上面的关键词组合外，还可以从另外的角度考虑。最直接的问题为“卫生间下水道堵塞问题”，下一步需要解决的为疏通堵塞的方法。因此，可以继续尝试检索，关键词更换为“下水道疏通”。检索到相关文献 145 篇，进一步筛选。

其中，《城市下水道疏通方法及下水道篦子新型设计》在研究方法上有一定的参考价值，因此将此文献下载进行深入学习。这篇文章将作为参考文献，相关信息需列在论文最后部分的“参考文献”中。

在研究过程中，学生还需要设计一个“下水道污物疏通”装置来解决卫生间堵塞问题。这个装置的设计需要使用单片机，因此学生学习程序设计需要指导。指导教师为她推荐了书籍《Arduino 中学普及版课程教材》，这本书也是参考文献之一。

此外，学生还检索了有关管道、化粪池的相关资料。

## 三、参考文献的使用

### 1. 文献的加工

检索参考文献之后，需要对文献进行去粗存精、去伪存真的分析和鉴别，在此基础上进一步深入研究。

如学生对于管道资料的搜集，之后以单纯文字描述的形式进行呈现，如下：

> 管道有很多种。原先是铸铁管，粗大结实。但管道一般都在地下，不经常清理，再加上水流的动力并不能支持污物到化粪池处，时间一久就容易堆积污物；再加上有些人家使用不规范，向内扔杂物，以至于内壁挂杂物，时间一久自然就堵了。

教师指导学生继续查阅和完善资料，如除铸铁管道外，还有哪些材料的管道？它们有什么区别？各有什么优劣？为后续设计装置的材料提供参考。同时呈现方式也要多样化，如增加图表，使比较结果直观明了。修改后呈现效果如下。

图 1　下水道常用铸铁管

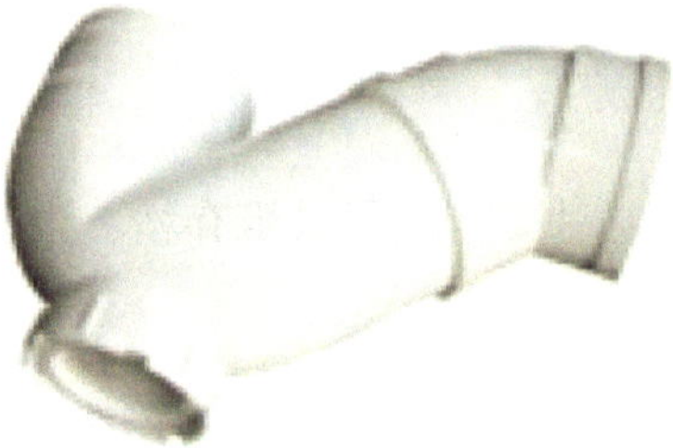

图 2　下水道常用 PVC 管

表 1　常用下水管道对比表

| 比较项目 | 铸铁管 | PVC 管 |
| --- | --- | --- |
| 材质 | 铸铁 | PVC 管 |
| 管内直径 | 大 | 小 |
| 管内壁 | 不光滑、易附着污物 | 光滑、不易附着污物 |

后续增加分析的文字描述："通过表 1 的对比分析可以看出，铸铁管虽然粗大结实。但管道一般都在地下，不经常清理，再加上水流的动力通常并不足以推动污物到化粪池处，时间一久就容易堆积污物；再加上有些人家使用不规范，向内扔杂物，以至于内壁不断附着杂物，时间一久自然就堵了。而现在更多使用的是 PVC 管，表面是光滑的，不易附着污物，但是直径小了，所以也容易堵。"

## 2. 参考文献的著录

研究过程中使用过的参考文献，要在论文最后"参考文献"的环节列举呈现，且参考文献的著录有规范的格式，全文统一按照规范格式录入参考文献，以下介绍几种常用的参考文献格式。

（1）书籍类参考文献

书籍类参考文献的格式为：作者.书名[文献类型标识].出版地：出版商，出版年份.

如《北京市胡同平房区卫生间堵塞问题研究》中参考的书籍《Arduino 程序设计基础》。在参考文献中呈现方式为：

陈吕洲. Arduino 程序设计基础[M].北京：北京航空航天大学出版社，2015.

（2）期刊类参考文献

期刊类参考文献的格式为：第一作者姓名，第二作者姓名.文献题名[J].刊名，年，卷（期）：起止页码.

如《城市下水道疏通方法及下水道篦子新型设计》中参考的文献呈现方式为：

刘兴源.城市下水道疏通方法及下水道篦子新型设计[J].科技视界，2014：332-339.

（3）报纸文章

报纸文章的格式为：作者.文献题名[N].报纸名，出版日期（版次）.

（4）国际、国家标准

国家标准的格式为：标准编号，标准名称[S].

（5）专利

专利的格式为：专利所有者.专利题名[P].专利国别：专利号，出版日期.

（6）网络资源参考文献

网络资源的格式为：“文章/网页的标题”网站的名称.版本号.网站所属机构或组织名称，资源日期.访问日期.

在科学研究中，必须合理地记录或引用所使用到的资源，并在论文结尾处详细、规范地将这些参考文献列出来，这不仅是对原文献作者的一种尊重，也体现出了研究者的研究过程。

研究过程

# 02

## 实地考察的设计与实施要点

北京市西城区青少年科技馆　赵　溪

“纸上得来终觉浅，绝知此事要躬行”取自陆游的《冬夜读书示律》，陆游非常明确地阐述了在青少年科学研究中的一个重要原则：在研究方法中，通过亲身实践所得到的直接信息比通过询问、查阅等方法所获取的间接信息更加贴近选题，对课题研究来说更有价值。而实地考察就是这样一种需要前往实地获取信息的研究方法。

实地考察对于生态学、地理地质、城市环境类的选题是必选的研究方法，因为在实验室内无法模拟真实的生态环境、地质构造与城市环境。对于实地考察来说，设计与实施同等重要，由于考察环境的可变性，如在考察实施阶段发现整体设计有所遗漏再回过头来“补”数据，其科学性势必会受到影响。例如，研究北京的雾霾与车流量的关系（受天气、采暖等条件影响，季节性差异较大），之前所取得的数据均来自夏季，如果发现考察项目有所遗漏想在秋季补上，那么之前夏季的数据也只得作废了。

经过我对历年课题研究的总结与梳理，总结出以下设计与实施要点。

## 一、考察地点单一变量

2014 年，我所辅导的王彦卿同学决定研究北京市不同绿化草坪中地行性蜘蛛的分布情况，所面对的第一个问题就是北京分布着如此多的草坪，要选择哪些进行考察呢？如果将这个问题广义化，即选择怎样的考察地点有代表性呢？我们首先看一看王彦卿同学是怎么做的。

考察地点的确定：北京市区人口密度较大，林地和绿地以人工林和人工草坪为主，个别地区有野生杂草地。因此，选择的地点要具有以下代表性：距离市中心不超过 50 千米，非农业地，有人工草地、有人造林、有杂草地、有人员活动的地区。最后确定以下地点：

| 采样地点 | 位置 | 特点 | 类型 |
|---|---|---|---|
| 北京老山郊野公园 | 北京市石景山区东南 | 大量林地及天然草地和大量的落叶杂草堆 | |
| 北京植物园 | 西山脚下，曹雪芹纪念馆北侧 | 有天然草地也有人工草地，有除草活动，临近湿地，距水塘约 20 米 | 典型的人工草地、湿地与天然草地的混合地 |
| 玉海园小区 5 里 3 号楼南绿地 | 位于玉泉路东侧，北临阜石路 | 绿地面积 600 平方米，人员活动极大 | 典型的人员居住地区 |
| 奥林匹克公园北区 | 北五环 | 人工草坪和林区组成，人工干预较多 | 典型的人工草地和人工林地 |

要选择典型的考察地点，需要对考察范围有大致的了解，这些信息的取得可以依靠平时生活中的观察、查阅资料或是咨询专业人士。将每一个所要考察的类型进行定义后，在其中选择最为典型的地区。需要注意的是，这些地区应尽量遵循“单一变量”原则。在王同学的案例中，老山郊野公园、北京植物园、奥林匹克公园的变量在于人为建设程度不同，而常量则是距离市区较近、范围大小相近，均属于普通的城市绿地而非位于郊区的自然保护区，这样才能凸显“人为建设”这一考察因素的影响。

## 二、考察对象一主多辅

在确定了合适的考察地点后，要选取能够保证科学性的考察方法。在地行性蜘蛛的研究中，选用的是在生态学考察中常见的取样方法。

本次考察，我们选择了地行性蜘蛛（盗蛛、狼蛛、蟹蛛、跳蛛、漏斗蛛、皿网蛛等在地面生活的种类）为主要考察对象。这是因为：①人工绿地较少有大型树木，不利于在树上结网的蜘蛛生存；②地行性蜘蛛便于考察；③地行性蜘蛛主要生活在地面上，与绿地的生态环境有着更为直接的关系。

## 三、考察方法

首先，观测时间要具有可比性、连续性，确定为 2013 年 7—9 月。每个区域选择 3 个观测点，相隔 2 天需观测一次，每个区域观测 3 次。这样才能保证各测试点的温度、湿度基本相同。考察步骤如下：

- 首先确定观测地的 GPRS 的 K 点坐标。
- 在观测地设置 3 组观测点。
- 每组设置 1 米 × 1 米的样方,将样方放置在选定位置上。
- 目测判断样方范围内植物种类。
- 用 20 厘米刻度尺测量主要植被生长高度。
- 用指南针确定方位，然后从东南角开始，以顺时针方向用镊子小心地拨开草丛，仔细检测样方内动物种类及蜘蛛种类数量。
- 用放大镜观测过小的个体。
- 样方范围内的乱石，要小心拨开观测，观测完后及时恢复。
- 土洞要用手电筒照射，用 2 平方厘米的透明玻璃遮挡，以免观测时洞内有害动物突然钻出造成人身伤害。
- 比较大的草根，要用铲子小心地移走，注意不要带走土壤，以免带走蜘蛛及其他动物。
- 典型的蜘蛛个体及其他动植物个体要进行摄像记录，并可以用刻度尺进行体型测试。观测完毕立刻将观测结果记录在记录本上。
- 观测时，人不要进入样方内，以免造成人为影响。

从上述资料中可以发现，实地考察与实验相类似，为了得到科学有效的数据，依然要遵循单一变量(在实地考察中基本以地点为变量)、多次平行减少误差等规则。

需要特别注意的是，在实地考察中，除了要设立主要考察对象，还要对相关因素进行考察与测定。在本研究中，主要考察对象是地行性蜘蛛，与此同时也考察了样方内的其他昆虫与植物种类，详细记录了考察地点的经纬度、天气等信息。这是因为生态类项目的内在逻辑就是寻找物种与环境、物种与物种之间的联系与关系，这样才能在进一步分析时利用这些可能影响蜘蛛分布的其他信息进行归因。

一主多辅的考察对象选取原则是实地考察法的共性，在考察开始之前就进行完备的设计可以少走很多弯路，现将几类课题领域的例证列出，以帮助读者在设计方案时完善思路。

| 研究课题领域 | 主要考察对象 | 辅助考察对象 |
|---|---|---|
| 地质类 | 岩石与矿物的种类，形态与分布 | 影响地质形态的因素，例如极端天气、河流、冰川、地震等 |
| 水环境类 | 水文、水质情况指标，例如水温、流速、浊度、污染物等 | 水源地情况，以及当地可能影响水环境的人类活动，例如农业、畜牧业、工业等 |
| 社科类 | 某个社科考察选题，例如不文明行为、安全隐患等 | 影响考察点的因素，以随地吐痰情况为例，应同时考察附近的相关设施分布（垃圾桶、厕所、禁止随地吐痰提示语） |
| 人文类 | 某个文化考察选题，例如习俗、建筑、技法等 | 影响考察点形成的因素，以建筑为例，应同时考察当地的建筑资源、建设历史、文化特点、气候条件等 |

回到蜘蛛的研究课题，最终王彦卿同学在完成数据统计后列成柱状图，如下。

## 1. 老山郊野公园

三次观测结果的统计对比如下（平均值）：

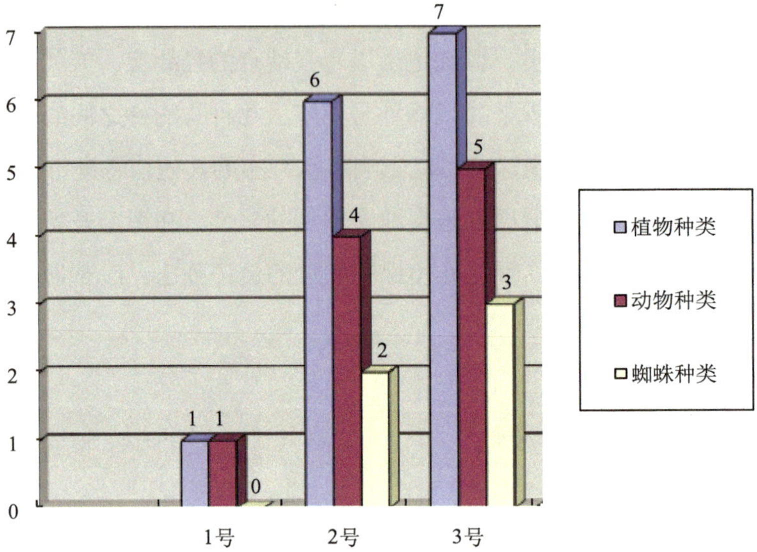
7
6
5
4
3
2
1
0
1 1 0
6 4 2
7 5 3
1号
2号
3号
植物种类
动物种类
蜘蛛种类

## 2. 北京植物园

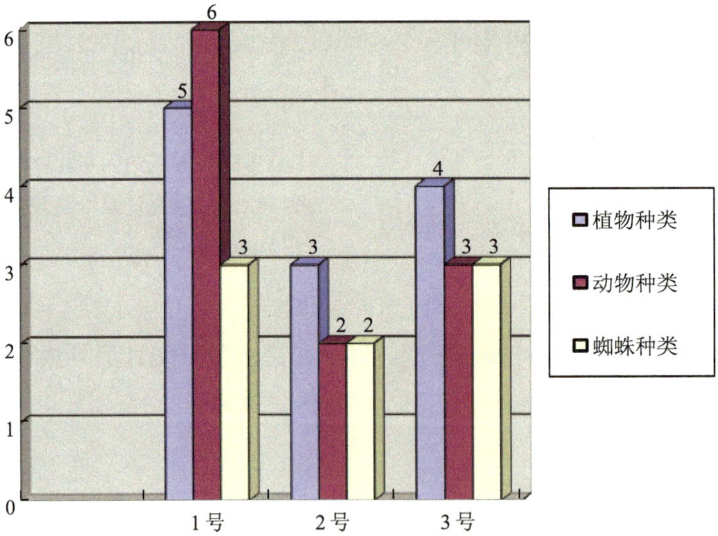
6
5
4
3
2
1
0
5 6 3
3 2 2
4 3 3
1号
2号
3号
植物种类
动物种类
蜘蛛种类

## 3. 玉海园5里3号楼南绿地

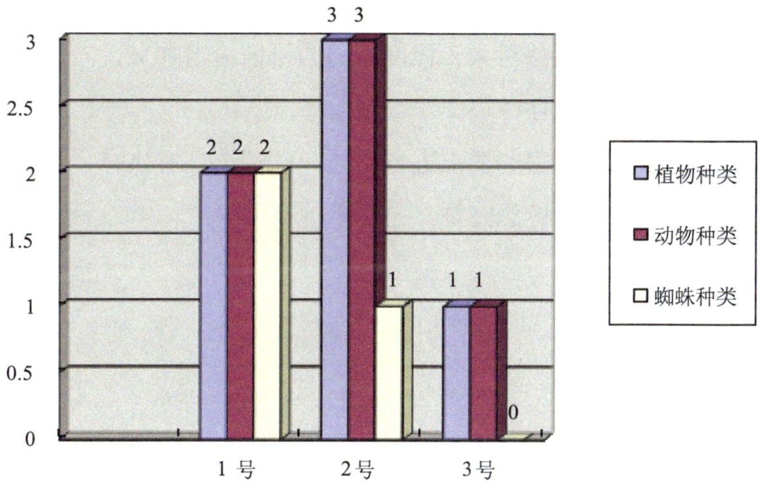


## 4. 北京奥林匹克公园北园

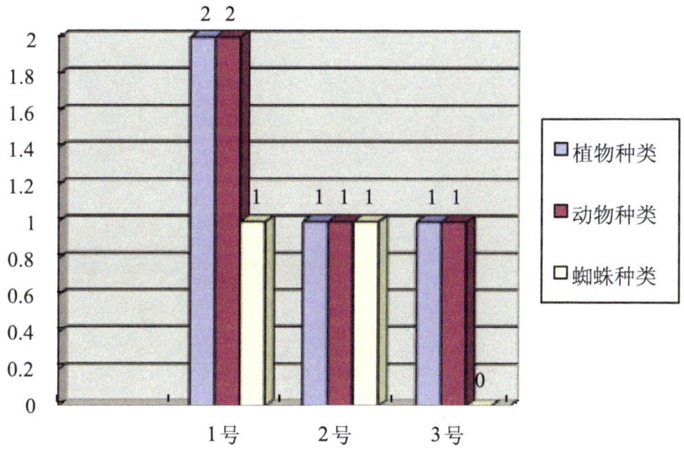

通过对考察结果的分析，可以很容易地发现植物种类、动物种类与蜘蛛种类存在正相关，从而得到相关结论，即人工程度低的绿地，其生物多样性丰富，地行性蜘蛛种类多。试想如果没有考察植物与其他动物种类，则只能说确定所选择的绿地里蜘蛛种类有差距，向上无法对人工程度不同的绿地给出定义，向下没有找到影响蜘蛛种类的因素，逻辑推理存在缺失。

最后，让我们对实地考察的要点进行总结，即“选点有诀窍，单变量可靠；方法要科学，规则要记牢；分析想完整，一主多辅不可少！”

# 研究过程

# 03

## 实验探究的设计与实施要点

北京市西城区青少年科技馆　赵　溪

“一切推理都必须从观察与实验得来”，意大利著名数学家、物理学家、天文学家伽利略这样来阐述实验的意义，他以系统的实验和观察推翻了以思辨为主的传统自然观，开创了以实验事实为根据并具有严密逻辑体系的近代实验科学，成为科学革命的先驱。时至今日，绝大部分的科学研究成果均建立在实验验证的基础上，即使现代物理学等学科是先构建理论后寻找证据，科学家们也都将真实观测看得无比重要：从爱因斯坦在 1916 年预测引力波，到 2015 年激光干涉引力波天文台（LIGO）获得直接观测证据，整整用了一百年。

在青少年科技创新实践中，实验更是一种最为常用的研究方法。实验探究能够多方面地培养青少年的科学素养，例如，观察能力、实验操作能力、分析能力等。但是，实验在研究中很容易出现硬伤，而这种硬伤常常反映出研究者对科学研究的认识不到位。我将用刘昱泽同学的研究项目《融雪剂对冷季型草坪生长影响的研究》举例，阐述实验探究的设计与实施要点。（由于篇幅有限，类似单一变量、定性定量、平行实验、设立空白对照组等明确的实验设计方法并没有在本篇文章中体现，我们所探讨的是更不容易被察觉到的要点。）

## 一、实验设计是否有规可循

实验设计是一个相对开放的过程，在确定了实验目的后可以根据自身所能调动的资源来设计不同广度、深度的实验。例如，在融雪剂项目中，刘昱泽同学希望在花盆里种草，并在其中洒入融雪剂来观察融雪剂对草生长的影响，这时就出现了三个问题：

（1）用什么草？

（2）用什么融雪剂？

（3）加多少融雪剂，怎么加？

试想一下，如果仅凭自己的经验或者一时兴起来确定这些实验的基本条件，实验设计的科学性与实用性一定会被质疑。于是就需要我们通过先期调查来进行确定，做到实验设计有规可循。设计实验的过程要运用查阅文献、咨询调查等多种研究方法，这也说明各研究方法之间是关联而非孤立的。在这样的指导下，刘昱泽同学确定了实验条件，使之尽可能与北京市的实际情况相吻合。（见表 1）

表 1　实验设计表

| 需确定的实验条件 | 选择结果 | 所遵循的依据 |
|---|---|---|
| 冷季型草的种类 | 高羊茅、黑麦草 | 查阅北京常用绿化草种 |
| 融雪剂的种类 | 氯化钠 | 咨询园林绿化部门 |
| 如何添加融雪剂 | 17%质量分数溶解后喷洒 | 融雪剂使用说明 |

## 二、实验设计是否反映真实情况

科学研究成果经常分为两种情况：一是在实际生活中有应用价值的成果；二是在实验室条件下取得的成果，但很难在实际生活中推广。例如，螺旋藻，作为一种营养丰富均衡的食物被养生保健公司所热捧，各种相关产品长盛不衰，但具备一定科学素养的人却对这种“神药”不屑一顾。这是因为螺旋藻的营养虽然丰富，但是要将其作为主要食物天天吃、顿顿吃，每天摄入量达到一定比例才能显现效果。而且它的营养成分并不特殊，其他食物中也含有螺旋藻中所含有的蛋白质、胡萝卜素、铁等。简而言之，螺旋藻属于一种实验数据非常优秀，但不符合我们生活习惯的优质食品。

我们在设计实验的过程中，也经常会遇到这样的情况。实验设计合乎实验规范，但不能反映真实情况。以融雪剂项目举例，刘昱泽同学起初所设计的实验步骤是这样的：

（1）在花盆中种植黑麦草与高羊茅各两盆，每盆中的株数等数据相同。

（2）将融雪剂按照规定比例溶解于水，并定量浇到一盆黑麦草与高羊茅中，剩下的各一盆作为对照组浇等量的水。

（3）观察实验组与对照组的生长情况，进行记录。

上述实验设计的结果，可以用于研究融雪剂对草坪的正常生长是否有影响。可如果进一步深究就可以发现，这种情况难以在现实中发生，只有居心叵测的人才会在春天将融雪剂施加到已经长成的草坪上。如果以此来说明融雪剂对草坪有害，是不足以服众的。

经过讨论，刘昱泽同学最终确定了研究现实生活中融雪剂对草坪产生影响的途径：

（1）对于依靠自身草籽发芽延续的草坪，草籽将要在含有融雪剂的土壤中进行萌发，融雪剂可能对这一过程有所影响。

（2）对于每年重新铺设的草坪，要证明在春季其铺设地表层土中依然残留有较高浓度的融雪剂，然后再结合本文中所描述的第一个实验来说明融雪剂对草坪的影响。

因此，要设计三个实验：实验一是融雪剂对草坪的影响实验；实验二是融雪剂对草籽的影响实验；实验三是春季表层土壤中融雪剂残留量的实验。

最终的实验方案与结果如下。

## 实验设计

### 1. 实验用具

实验器材：电子秤、水杯、水、土壤、铲子、花盆、烧杯、勺子、镊子、尺子、漏斗、滤纸、铁架台、试管刷、铁圈、剪刀、量筒、电导率仪、纯净水、搅拌棒、烘干箱。

实验样品：黑麦草和高羊茅种子。

融雪剂：雪印牌绿色环保改良融雪剂，主要成分为氯化钠和品质改良剂。

### 2. 模拟种植实验

| 实验设计 | 种子类型 | 设计目的 | 发芽处理方式 | 融雪剂 |
|---|---|---|---|---|
| 对照组 | 黑麦草 | 了解无融雪剂下种子的发育情况 | 土壤种植 | 无 |
| | 高羊茅 | | | |
| 实验组 I | 黑麦草 | 了解融雪剂对种子的胁迫作用 | 土壤种植 | 用 17%融雪剂溶液浇灌 |
| | 高羊茅 | | | |
| 实验组 II | 黑麦草 | 了解融雪剂对植株的胁迫作用 | 水培发芽后移栽土壤 | 水培无融雪剂土壤用 17%融雪剂溶液浇灌 |
| | 高羊茅 | | | |

观察种子发芽情况并记录地上部分长度、地下部分长度、生长状况、生长率。

### 3. 实地土壤电导率实验

(1) 实验样品

实地土壤样品取自北京市西城区广安门内大街。自 2016 年 4 月 6 日始至 2016 年 5 月 5 日止，每半个月取一次土，分别取土壤的三个深度：表层土深度 5 厘米和深度 10 厘米；共取土三次。

(2) 实验方法

土壤前处理（取样、晾干、研磨、过筛）后，以 1 : 5 的比例配置成土壤浸出液，充分搅拌后过滤，测量土壤浸出液的电导率值。为保证实验数据的准确性，按照日期和深度分别测三次，最后取平均值。

## 实验结果

### 1. 模拟种植实验结果

| 日期 | 组别 | 名称 | 地上部分长度/cm | 地下部分长度/cm |
|---|---|---|---|---|
| 2016-05-29 | 实验组 I（土培） | 黑麦草 | 5.5 | |
| | | 高羊茅 | 4 | |
| | 实验组 II（水培） | 黑麦草 | 9.7 | 6.5 |
| | | 高羊茅 | 14 | 8.5 |

| 日期 | 组别 | 名称 | 地上部分长度/cm | 地下部分长度/cm |
|---|---|---|---|---|
| 2016-05-30 | 实验组Ⅰ（土培） | 黑麦草 | 8 | |
| | | 高羊茅 | 7 | |
| 2016-06-05 | 实验组Ⅰ（土培） | 黑麦草 | 死亡 | |
| | | 高羊茅 | 死亡 | |
| | 实验组Ⅱ（水培） | 黑麦草 | 死亡 | |
| | | 高羊茅 | 死亡 | |
| | 对照组 | 黑麦草 | 12 | |
| | | 高羊茅 | 15 | |

2．实地土壤样品电导率

| 取样时间 | 取样深度/cm | 第一次/（μs/cm） | 第二次/（μs/cm） | 第三次/（μs/cm） | 平均值/（μs/cm） |
|---|---|---|---|---|---|
| 2016-04-06 | 表层 | 940 | 1 055 | 826 | 940 |
| | 5 | 390 | 355 | 375 | 503 |
| | 10 | 360 | 400 | 420 | 393 |
| 2016-04-20 | 表层 | 390 | 717 | | 369 |
| | 5 | 230 | 154 | | 128 |
| | 10 | 253 | 222 | 210 | 228 |
| 2016-05-04 | 表层 | 122 | | | 122 |
| | 5 | 230 | 250 | 246 | 173 |
| | 10 | 250 | 210 | 276 | 243 |

通过上述一系列的实验，刘昱泽同学最终获得了有效而有用的实验结果。最后，让我们再来复习一下实验探究设计与实施的要点：“实验有依据，查阅咨询很必须；设计有诀窍，贴近真实不心虚。”

# 研究过程

# 04

## 如何开展科学研究中的访谈

北京市第四中学　卓小利

访谈，也称为研究性交谈，是以口头形式，根据被询问者的答复搜集客观的事实材料，以准确地说明样本所要代表的总体的一种方式。和问卷调查法相比，访谈法能够引导被访谈者深入交谈从而获得可靠有效的资料。但访谈需要较多的人力、物力和时间，因此一般在调查对象较少的情况下采用，且常与问卷法结合使用。

## 一、采用访谈法的背景

在开展《北京市胡同平房区卫生间堵塞问题研究》过程中，学生使用了文献研究法、调查法、实地考察法、访谈法等多种研究方法开展研究。学生在社区、街道、胡同中向过往行人发放问卷，了解人们对卫生间堵塞问题的看法。而对于卫生间堵塞问题发生的情况及相关应对措施，有必要对环卫工人进行访谈。

## 二、访谈提纲的设计

“工欲善其事，必先利其器”。在开展访谈之前，精心设计访谈提纲，是成功访谈的第一步。访谈提纲应该包含以下要素：访谈背景、访谈对象、访谈问题。

### 1. 访谈背景

在进行访谈前，访谈者需要将访谈背景介绍给被访谈者。

如在《北京市胡同平房区卫生间堵塞问题研究》中，学生要告知环卫工人，自己访谈的背景。如“您好，我是北京四中的一名中学生，正在开展胡同平房区卫生间堵塞问题的研究。为了了解卫生间堵塞问题的现状和解决措施，我设计了这一访谈，希望您的工作经验和切身体会能指导我的研究。十分感谢您对我研究的支持和帮助！”

## 2. 访谈对象

访谈对象的确定要明确，是对研究问题有直接帮助的人。

如在《北京市胡同平房区卫生间堵塞问题研究》中，学生计划对胡同平房区的环卫工人开展访谈，其中和卫生间堵塞问题相关的环卫工人又包括公共卫生间清理员和抽粪卡车工作人员。而这两种类别工作人员的工作性质、职责范围、遇到的困难、需要解决的问题又有不同。因此后续访谈提纲也需要分别设计，有所区别。

## 3. 访谈提纲

访谈提纲为具体的问题，这些问题作为一条线将研究的内容进行串联。访谈提纲问题的设计。

首先，要全面，需要覆盖想要了解的全部内容。

其次，问题的排列有一定的逻辑性，做到环环相扣、步步深入。

最后，问题的表述方式要做到明确、清晰、易于被人接受。

下面我们以《北京市胡同平房区卫生间堵塞问题研究》为例，分析访谈提纲设计的过程。

学生在确定要对环卫工人进行访谈后，针对公共卫生间清理员和抽粪卡车工作人员分别进行了访谈提纲的设计，我们以抽粪卡车工作人员的访谈提纲为例进行介绍。以下是学生设计的访谈提纲的初稿。

## 调查问卷

1. 您这个卡车每天要跑多少个公共厕所呢?
2. 这个抽粪系统是什么原理呢?
3. 有化粪池还要抽粪吗?
4. 遇到公共厕所下水道堵了怎么办?
5. 抽粪后，怎么利用粪便来节能?

在学生提交访谈提纲初稿以后，教师和学生进行了一次讨论，教师对学生进行辅导，以完善访谈提纲。学生设计的访谈提纲存在以下几个问题：不清楚调查和访谈的区别，访谈提纲问题不全面，问题的设置缺乏逻辑性，没有做到由浅入深，问题表述显得生硬等。

因此，针对上面出现的问题，教师对学生的访谈提纲进行了修改和指导。

（1）解决“不清楚调查和访谈的区别”

学生设计的访谈提纲以“调查问卷二”命名，十分不妥。首先这是一个针对环卫工人进行的访谈，而非调查问卷。因此“调查问卷”应该更正为“访谈提纲”。而“调查问卷二”是为了区别“调查问卷一”，分别针对抽粪卡车工作人员和公共卫生间清理员，但表述不够准确。

因此最终将“调查问卷二”修改为“胡同平房区卫生间堵塞问题研究访谈提纲——抽粪卡车工作人员”。

（2）解决“访谈提纲问题不全面”

对于抽粪卡车工作人员的问题，除了提纲中提到的，应该还要主动收集，可能会发现新的有价值的问题，而这些问题可能是最初预设并没有想到的。这些问题的发掘有助于研究更为深入的开展。因此，建议增加一个问题“您的工作中遇到过什么困难吗”。

（3）解决“问题的设置缺乏逻辑性，没有做到由浅入深”

第 1 个问题上来问“您这个卡车每天要跑多少个公共厕所呢？”问这个问题前，应该有一些铺垫，因此教师建议增加两个问题。新增问题 1“您每天的工作时间是如何安排的，什么时候来，一天来几次？”，新增问题 2“一个公共厕所每次抽粪量大概有多少（升或车），多长时间可以抽完？”

新增问题 1“您每天的工作时间是如何安排的，什么时候来，一天来几次？”的增加，有助于了解抽粪卡车工作人员的工作安排。另外也可以拉近与被访谈者的距离，便于后续问题的开展。

新增问题 2“这个公共厕所每次抽粪量大概有多少（升或车），多长时间可以抽完？”，此问题的设置有助于了解工作人员的实际工作量。

对于原来的第 1 个问题“您这个卡车每天要跑多少个公共厕所呢”，问题还需要进一步深入细化。因为只问卡车每天跑多少个公共厕所，并没有核心信息，如整体抽粪量。因此建议将问题调整为“您这个卡车每天要跑多少个公共厕所呢，总的抽粪量有多少（升或车为单位）？”

（4）解决“问题表述显得生硬”

原有的最后一个问题“抽粪后，怎么利用粪便来节能”，这个问题问得太过跳跃，显得生硬，被访者可能不知如何答起。因此需要对问题的表述进行完善，如改为“抽粪后如何处理这些粪便，怎么利用粪便来节能？”

通过上述的调整，可以使访谈提纲更为合理，有助于访谈的顺利开展。调整后的访谈提纲如下：

**胡同平房区卫生间堵塞问题研究访谈提纲**

**——抽粪卡车工作人员**

1. 您每天的工作时间是如何安排的，什么时候来，一天来几次？
2. 这个公共厕所每次抽粪量大概有多少（升或车），多长时间可以抽完？
3. 您这个卡车每天要跑多少个公共厕所呢，总的抽粪量有多少（升或车为单位）？
4. 您的工作中遇到过什么困难吗？
5. 这个抽粪系统是什么原理呢？
6. 公共厕所有化粪池还要抽粪吗？
7. 如果遇到公共厕所下水道堵了怎么办？
8. 抽粪后如何处理这些粪便，怎么利用粪便来节能？

## 三、访谈前的准备

在访谈前需要和被访者预约访谈时间或地点，如果是随机访谈，需要对访谈的时间和地点做好充分的准备。《北京市胡同平房区卫生间堵塞问题研究》中对于抽粪卡车工作人员的访谈是随机的，学生多次在公共厕所附近等待，但均没有遇到。终于有一天，学生在凌晨 5 点多遇到了抽粪卡车工作人员，完成了访谈。因此，要把握好访谈的时机。访谈过程中，还要收集一些照片资料。

上图为学生在完成访谈后拍摄的抽粪卡车工作人员工作照。

访谈前需要准备的材料和用具有访谈提纲、记录本、笔、录音笔、相机等，以便在访谈过程中及时收集信息和数据。但在使用录音笔录音和照相前，需要征得被访谈者的同意。

## 四、访谈过程中应注意的问题

在访谈过程中，有价值的问题应进一步追问，访谈者要把握住时机，及时追问，获得更多信息。

在访谈过程中，访谈提纲中问题的顺序可以有调整，原则是保障访谈顺利地进行，完整、客观地获得真实的信息。

## 五、访谈结果的整理

访谈结束后，需要及时整理访谈结果，根据论文需要以独立问题分析或整体分析的形式呈现。

如在《北京市胡同平房区卫生间堵塞问题研究》中，学生的访谈结果以整体分析的形式呈现：“我还采访了一位抽粪工人，他表示每天都要起得很早，然后就开始工作，一天要跑五六个地方抽污物，一辆车最多能装 2.6 吨污物，然后再统一运到田村进行处理，很辛苦。”

在科学研究中，访谈可以帮助研究者深入地获得第一手的信息，科学、完整的访谈提纲是访谈工作所必需的，可以使访谈达到事半功倍的效果。访谈过程中，翔实记录访谈内容是访谈完成的必要保障。

# 研究过程

# 05 如何指导学生开展调查研究

北京市宣武青少年科学技术馆　毕　欣

“老师，我们是中学生，每天都乘坐公交车上学放学。每当下雨时，上下车收起雨伞，雨水弄得到处都是，同学们都经常被这个问题困扰。虽然有的公交站设有小遮雨棚，但有时由于车站距车有一定的距离，所以上下车时要打伞。但打伞会影响上下车的速度，给乘客带来不便。于是我们想做个《公交车门自动遮雨机器人》的课题项目，如果将一种遮雨装置安装在公交车门上，能够感应乘客上下车自动弹出，以防人们上下车收起雨伞时被雨水淋湿，将会给人们的出行带来很大的便利。”张和和姜昕榕同学向我介绍了他们的想法。

我说：“你们能认真观察生活、发现问题，提出自己的想法，这很好！但是，这些想法有科学依据吗？可行吗？这建议只代表你个人的想法、还是有普遍意义？有国家相关的政策法规做依据吗？不能只站在自己的立场上去片面地评价和建议。”他回答：“我调查了很多同学，他们都同意我的看法。”说着他拿出调查问卷和统计数据给我看。

我问："你只调查了学生？其他人群呢？"

他被我的话一下问住了。显然，这些他们之前从未考虑过。

我说："调查对象要全面，这样才能客观、真实地反映社会现象。"

在我的提示下，同学们先查阅了国家政策法规，有公交优先的政策即完善公交系统及其配套设施，之后又将其方案进行调整，首先把调查对象的范围扩大如下：

| 序号 | 被调查人姓名： | 性别： | 年龄： |
|---|---|---|---|
| 1 | 您下雨天乘坐公交车，在上下车收起雨伞那一刻，是否曾被雨水淋到过？ | □是 | □否 |
| 2 | 您认为将遮雨设备安装在公交车门上自动撑开和收起是否灵活方便？ | □是 | □否 |
| 3 | 您认为在公交车门上安装遮雨设备是否更加方便出行？ | □是 | □否 |

| 序号 | 被采访人情况 | 选项 | 数量 | 占比/% |
|---|---|---|---|---|
| 1 | 性别 | 男 | 43 | 43 |
| | | 女 | 57 | 57 |
| 2 | 年龄 | ≥65 | 12 | 12 |
| | | 50～65 | 31 | 31 |
| | | 30～50 | 25 | 25 |
| | | <30 | 32 | 32 |
| 序号 | 项目调查结果统计 | 选项 | 数量 | 占比/% |
| 1 | 您下雨天乘坐公交车，在上下车收起雨伞那一刻，是否曾被雨水淋到过？ | 是 | 68 | 68 |
| | | 否 | 32 | 32 |
| 2 | 您认为将遮雨设备安装在公交车门上自动撑开和收起是否灵活方便？ | 是 | 73 | 73 |
| | | 否 | 27 | 27 |
| 3 | 您认为在公交车门上安装遮雨设备是否更加方便出行？ | 是 | 65 | 65 |
| | | 否 | 35 | 35 |
| 4 | 您认为在公交车门上安装遮雨设备是否能加快乘客上下车速度？ | 是 | 56 | 56 |
| | | 否 | 44 | 44 |
| 5 | 您认为在公交车门上安装遮雨设备是否能解决下雨天上下公交车那一刻，被雨水淋到的问题？ | 已解决 | 69 | 69 |
| | | 未解决 | 31 | 31 |

我问学生们：“你们把调查对象的范围扩大了，调查对象里除了学生，还有哪些人群？”

学生们回答说：“还有乘客，他们也都说如果将一种遮雨装置安装在公交车门上，能够感应乘客上下车自动弹出，以防人们上下车收起雨伞时被雨水淋湿，将会给人们的出行带来很大的便利。”

我问："你们走访过公交系统的工作人员和管理者吗？他们是怎么说的？在公交车上附加遮雨装置，除了希望为市民出行带来方便，是否能保证安全呢？从专业人士的角度来分析，是否有必要安装此装置呢？"

听了我的话，同学们又去走访了公交乘务人员和相关管理人员。北京最大的客运公司"北京祥龙客运有限公司"和"北巴广告分公司"经过论证，还为孩子们的创意作品出具了证明材料，证明孩子们的研究课题很有社会价值、有意义、很新颖。

证明材料如下：

"公交车门智能遮雨机器人"的评价

乘客乘坐公交车时，遇到雨雪天气，经常在上下车收起雨伞时被淋湿，也会给排队的前后乘客带来不便，延误车辆运行时间。

此款智能机器人，在公交车雨刷器开启时运行。利用智能感应系统，在乘客上下车时自动弹出遮雨棚。此机器人安装在公交车门上，即灵活方便又无需人工操作。公交车进站，乘客上下车那一刻，遮雨棚自动弹出。乘客可以提前收起雨伞，加快上下车速度，提高车辆运营效率。同时，在细微之处关心乘客感受，提高了公交出行的品质。

此创新如果能在各公交公司推广，相信会提高公交系统运营效率。之前未发现有此类发明，本公交系统也未安装过此类遮雨装备。如有可能，希望能广泛推广。

北巴广告分公司制作中心

2016年6月

"公交车门智能遮雨机器人"的评价

祥龙资产

此款"公交车门智能遮雨机器人"，在遇雨雪天气，公交车到站打开车门那一刻，自动弹出遮雨棚，可以有效的避免乘客上下车收起雨伞时被雨雪淋湿。

此机器人在公交车雨刷器开启时运行，利用智能感应系统工作。安装在公交车门上，即灵活方便又无需人工操作。乘客可以提前收起雨伞，加快上下车速度，并使乘客感受到公交系统贴心的服务，从而促进更多的人爱上低碳出行。

我公司未使用过此类遮雨设备，此创新如果能广泛推广，定会提高公交系统运营效率，同时为环保做贡献。

北京祥龙公交客运有限公司

第六分公司

2016年6月

之后，我让学生们调查了公交站点和线路情况，对北京公交站点进行数据统计与分析，用数据来进一步论证问题的普遍性和开展该课题项目的重要性与必要性。

| 序号 | 打头数字或字母 | 共有路线 |
|---|---|---|
| 1 | 1 | 43 |
| 2 | 2 | 11 |
| 3 | 3 | 111 |
| 4 | 4 | 100 |
| 5 | 5 | 105 |
| 6 | 6 | 103 |
| 7 | 7 | 20 |
| 8 | 8 | 122 |
| 9 | 9 | 120 |
| 10 | B | 4 |
| 11 | C | 46 |
| 12 | D | 18 |
| 13 | F | 52 |
| 14 | G | 2 |
| 15 | H | 63 |
| 16 | J | 29 |
| 17 | K | 85 |
| 18 | L | 4 |
| 19 | M | 80 |
| 20 | N | 2 |
| 21 | P | 44 |
| 22 | S | 53 |

| 序号 | 打头数字或字母 | 共有路线 |
|---|---|---|
| 23 | T | 68 |
| 24 | X | 54 |
| 25 | Y | 97 |
| 26 | Z | 84 |
| 合计 | | 1 520 |

我对学生说："还要调查研究目前公交车的车型，怎样安装遮雨装置最安全？最节省成本？"学生一边听我讲解，一边不断地对实际调查对象的范围进行拓展，调查方案也有很大调整。

在本次课题研究中，我教会学生认真细致地选择调查对象，它是探索课题的重要科学依据，也决定着该课题是否能客观、真实、全面地反映社会问题。只有这样才能保证我们开展的探索研究是有意义的，是真正为社会和人类服务的。

经过努力，同学们最终研究制作了《公交车门遮雨机器人》，通过 8051 单片机、红外反射模块、舵机等控制，模拟实现下雨天公交车开门时，遮雨伞能自动打开，为乘客遮挡雨水，结合雨天乘坐公交车的问题和机器人模拟演示效果，并得到认可，产生一定的社会影响力，如在实际公交系统中推广使用，希望为市民绿色出行带来方便!

**点评**

调查研究要全面客观、有普遍性、社会性，有高度、有层次，以国家政策法规为依托走访相关管理部门、贴近市民生活。

学生们经过努力，最终研究制作了《公交车门遮雨机器人》，并得到认可，产生一定的社会影响力，如在实际公交系统中推广使用，希望为市民绿色出行带来方便!

研究过程

# 06

## “小·院士”关注热点话题，大研究表达建议主张

北京市第二实验小学　甄　奕

中小学生开展科技创新研究，参加“小院士”展示与评选活动，不仅对他们的科技创新能力、科学研究水平有所促进，研究成果更可以通过论文发表、参加比赛、媒体宣传等途径直接服务于社会公众，转化成社会生产力。

例如，北京第二实验小学朱晓轩同学在日本旅游时发现，当路口是红灯时，车辆会停车熄火以减少尾气排放。回国后她开展了一系列的实验研究，证实了汽车怠速时会排放大量的尾气，而停车熄火则可以减少空气污染。通过问卷调查她发现几乎所有的驾驶员都不了解这一情况，于是通过获取证据、论证分析，她和同学们向北京市政府提出了关于“红灯时停车熄火”的建议，引起有关部门的重视。小学生的课题研究为什么会引起政府部门的关注？原因在于同学们将自己的科学研究成果转化成了科学建议的形式，用以说服他人听取、采纳，而这本身还可以增强同学们的社会责任感，提高科技创新精神和实践能力。

## 一、什么是科学建议？

科学建议是在课题研究的基础上产生的，需要以严谨的论证来证明建议内容的创新性、科学性、可行性与实用性。但由于期望在提交后可以产生对社会进步的推动作用，更高效地转化成社会生产力，因此撰写科学建议的文稿又等同于课题研究报告，需要用有限的文字清晰有条理地阐述最重要的内容，包括：

1. 科学建议提出的背景、目的和意义。我们首先需要在“背景”中介绍自己是在什么情况或背景下发现的问题、观察到什么现象或问题而引发的思考，“目的”是提出这个科学建议希望能够解决什么问题，希望对哪些人或群体产生帮助，这与研究报告中的研究背景和研究目的很相似。而“意义”则是描述这个科学建议一旦被采纳，会产生什么样的影响，对社会有哪些推动作用。

2. 科学建议的具体内容。这部分包括科学建议的完整陈述，主要包括两个要素：建议哪个部门、实施哪些举措。通常我们会忽略掉建议实施的对象，而这部分恰恰决定了科学建议是否可以有的放矢地促进社会进步的关键，因此需要我们予以重视和认真思考。“实施哪些举措”也需要我们用简明扼要的文字介绍清楚建议的内容是什么，希望这些部门或群体做什么事情。

3. 科学建议的依据。既然是科学建议，那么必须经过严谨的论证，证明建议是具有创新性、可行性、科学性以及实用性的，也就是用以支撑建议的内容。与课题研究报告的结论与分析部分很相似，在研究结果的基础上，对于实验数据、现象、统计结果等进行分析，以证明科学建议的内容是可以解决问题的，是经过严谨的论证而提出的。一般可以根据研究方法来分类列举，也可以根据建议的内容来有针对性地介绍是论证过程。

## 二、如何撰写一篇优秀的科学建议?

### （一）从数据着手——小改变，大影响

《可食用吸管的研究》周家旭

2015 年 11 月，周家旭同学参加了《中国日报·教育专刊》小使者培训工程，利用双休日、寒暑假的时间，参与了一系列课程培训和国际交流活动组织，在 2016 年寒假期间，他完成了一项关于塑料对人体危害的“小问号”的研究，同时关注到了塑料吸管的使用问题。他调查了家附近的一家星巴克咖啡馆每天使用塑料吸管大概 300 支。在中国，星巴克共计有 2 100 家分店，它们每天使用塑料吸管的量为 63 万支，一年就要使用 22 995 万支吸管，使用量比较大。这仅仅是中国星巴克咖啡馆的使用

情况，在全国还有许许多多的餐厅、冷饮店、咖啡厅每天都在消耗着塑料吸管，使用量可想而知。

塑料吸管虽小，但是用量巨大，引起了周家旭同学的关注。受到“会变色的蔬菜”启发，他通过查阅资料、走访访谈、问卷调查、科学实验等研究方法，尝试利用不同的食物或植物茎来制作可食用吸管，以减轻环境负担，节约资源，传播生态文明理念，满足消费者环保安全需求，有利于绿色消费的理念深入人心，有利于中国的可持续发展。通过实地考察，可食用吸管在国内外已经有成功使用的案例；问卷询问人们对可食用吸管的看法，得出结论：研制可食用吸管是可行的、必要的，进而提出三点建议：

1．建议先在学校和环保网站宣传介绍可食用吸管

建议先在学校和与环保有关的网站尽可能多地宣传介绍可食用吸管的意义，如在我们实验二小，我可以作为一名小小义务宣传员，给同学们讲讲可食用吸管的好处，也可以把我的想法做成文字版，放在网站、朋友圈或者各种群中，和大家分享我的理念，起到一个宣传的作用。

2．建议国家食品药品监督管理局探索可食用吸管

建议国家食品药品监督管理局探索各种可食用吸管，如用藕带做成可食用吸管，还可以用薯条、蛋卷或者意大利面做成可食用吸管，并做成不同口味，供不同人群选择。

3．建议在小范围内推广使用可食用吸管

建议先在小范围内推广使用可食用吸管，如在一些小餐厅、冷饮店、咖啡厅等使用塑料吸管的地方试着推广使用可食用吸管，如果实验成功，再进一步扩大推广范围。

**点评**

吸管虽小，对环境的影响却一点也不小。通过调查和实验研究，周家旭同学获取了大量的统计数据和实验数据，用真实的数据来证明问题的严重性和方法的可行性，引起了成年人的关注。同时他通过实验的方法尝试寻找替代塑料吸管的可食用材料，将他的建议主张传递给身边的大人们，让更多人知道有这样一位小学生，在小小的塑料吸管上做文章，想办法减少塑料的使用。这本身就是一种信号，传递着青少年科技创新研究改变生活的讯息。

## （二）从生活着手——小食品，大问题

### 《关于儿童食品与玩具混装的调查研究》殷梓盛、霍华美

每天放学，我们学校附近最热闹的地方就是周边的几个小卖部。同学们一窝蜂似的挤到那里，买吃的、玩的和文具。其中，健达奇趣蛋由于里面有可以组装的小玩具和巧克力，好吃又好玩，最受同学们的欢迎。同学们为了凑齐一套小拼插玩具，不断买了边吃边玩、互相交换。这种小玩具与小食品混合包装的产品有很多种类，健达奇趣蛋只是一个例子。经过我们的考察，发现不仅学校和补习班附近的小卖部、超市有卖这种食品与玩具混装的产品，其他各种档次的超市也都有售卖。

我们的父母都反对我们购买这种小食品夹带小玩具的产品，他们忧心忡忡地反复告诉我们，小玩具会污染食品、小朋友容易误吞小玩具造成窒息、混装的玩具容

易诱导我们吃掉更多的垃圾食品等。每次买这类产品，我们都要软磨硬泡很久爸爸妈妈才勉强同意。爸爸妈妈持续几年的阻挠，使我们产生强烈的逆反，我们想知道，这种产品是不是真的像爸爸妈妈说的那样，有这么多的危害。

玩具上的细菌总数

| 实验批次 | 某牌奇趣蛋 | | 某牌夹心软糖 | | 某牌方便面 | |
|---|---|---|---|---|---|---|
| | 刚拆包装时 | 边吃边玩后 | 刚拆包装时 | 边吃边玩后 | 刚拆包装时 | 边吃边玩后 |
| 1 | 20 | 220 | 4 720 | 120 | 60 | 240 |
| | 80 | 80 | 5 220 | 40 | 60 | 180 |
| | 40 | 120 | 3 660 | 60 | 80 | 160 |

| 实验批次 | 某牌奇趣蛋 | | 某牌夹心软糖 | | 某牌方便面 | |
|---|---|---|---|---|---|---|
| | 刚拆包装时 | 边吃边玩后 | 刚拆包装时 | 边吃边玩后 | 刚拆包装时 | 边吃边玩后 |
| 2 | 20 | 100 | 40 | 160 | 40 | 120 |
| | 60 | 120 | 60 | 120 | 60 | 220 |
| | 40 | 160 | 40 | 80 | 80 | 180 |
| 3 | 60 | 100 | 40 | 100 | 40 | 160 |
| | 40 | 180 | 80 | 60 | 80 | 140 |
| | 40 | 80 | 60 | 80 | 60 | 240 |

经过我们的前期调查，发现玩具与食品混装产品普遍为拼插塑料小玩具或印刷纸与糖豆、巧克力、方便面等混合包装。这类混装玩具的儿童食品属于廉价小玩具与垃圾食品或休闲食品混搭售卖的一种商业营销行为。经统计有69%的家长认为自己的孩子买此类产品是因为“别的小朋友有，自己也要有”，这种积攒玩具互相攀比的行为造成了过度购买，既浪费金钱，又更多地进食了高糖高脂的休闲食品。在中国农业大学的实验结果显示，在我们边吃边玩玩具后，玩具上的细菌数量明显增多，容易引发卫生问题；另外，同学们会交换彼此的小玩具，边吃边

玩，也会交叉传播病菌，造成一定的健康隐患。通过家长问卷调查及我们访谈营养学教授、食药监局专家的结果，大部分人都支持食品和玩具分开售卖，食品和玩具属于完全不同的消费领域，必须分开售卖。

综上所述，我们提出了自己的建议：玩具就是玩具，食品就是食品。让食品回归营养与能量的本性，玩具回归趣味性和开发智力与体能的功能。

1. 建议国家质检总局与国家食药监局联合制定法规，禁止生产、销售玩具与食品混合包装产品。

2. 建议学校增加对儿童食品安全健康知识的普及教育，引导孩子们树立食品安全健康的概念，提高自身对垃圾食品及促销玩具的抵制力。

3. 建议社会加大对父母的宣传力度，从每一个家庭做起，玩具就是玩具，食品就是食品，不购买此类产品。

**点评**

当我们购买食品，特别是那些"好看又好玩"的儿童食品时，是否也曾经想到过"玩具就是玩具，食品就是食品"，应当分开售卖呢？小作者们在观察生活的基础上发现问题、产生质疑，运用科学研究方法获取了大量的资料和信息，并将其整理作为证据，从而提出了"儿童食品禁止混装玩具的科学建议"，并通过电视、广播等新闻媒体将这个建议进行宣讲，让更多人了解到"小院士"们的科学研究发现与建议。

## （三）从考察着手——小化石，大构想

### 《关于北京门头沟灰峪化石保护与利用的研究》冯浩翔

2015 年春季的一个周末，我有幸参加了门头沟灰峪化石考察与采集活动，并对灰峪村进行了初步考察。灰峪村的化石以晚古生代的植物化石为主，也产双壳类。

在活动地点，我看到了山体已经被开山采石和化石采集破坏得伤痕累累，大量的碎石向下滚落。我心中不由地产生一些疑问：挖化石合法吗？我们是否应该保护好首都的化石资源呢？如果任由这种状况发展，不仅灰峪的化石资源受到严重的破坏，而且如果夏季遭遇暴雨侵袭，这里很容易发生地质灾害，危及村民的生命财产安全。此外，在村庄里考察时，我发现这里冷冷清清，居民房屋也很破旧，连个小卖部都很难找到，与山上热火朝天的化石采集活动形成了鲜明的对比。于是我就思考：灰峪村是否可以借助当地得天独厚的化石资源，在加强保护的基础上开发其旅游和科考价值，从而为当地村民的增收开辟一条新的出路呢？

通过查阅化石保护相关法规以及国内其他化石点保护管理情况的资料，我认为有必要建议相关部门和社会力量，保护好灰峪化石点，在保护的基础上加以合理利用和开发，使化石为首都市民造福。通过对当地村民、化石爱好者以及化石保护部门工作人员的问卷调查和访谈，以及对灰峪村交通情况的调查，我提出在灰峪建设化石村的建议：

1．由相关部门和社会力量合作，在灰峪村委会建立化石保护与宣传陈列室。

2．化石保护委员会、化石爱好者的学

术团体、科技馆、地质博物馆和自然博物馆等科普工作人员共同参与，定期给当地村民培训化石知识，使他们成为化石保护使者，每日进行巡逻。科普工作人员定期来村巡视。

3．由政府有关部门和村委会引导村民开展化石科考农家乐旅游，一方面为参观考察者提供食宿便利，另一方面增加村民的收入。

**点评**

在野外挖掘到化石，是一件值得兴奋和骄傲的事情，很难在这样的时候冷静下来，反思自己的行为，更难想到要去解决这个问题。进行实地考察，可以帮我们获取到很多的一手信息，了解到当事人的真实想法和需求，进而让我们解决问题的思路更符合实际情况，将化石保护和科普宣传有效地结合起来，同时向政府和社会有关部门建言献策。我相信，也许就在不久的未来，化石村真的可以成为现实。

# 成果呈现

# 01

## 利用图示清晰、简明呈现研究成果

北京学生活动管理中心　侯利伟

## 一、背景介绍

我们在开展科学研究的时候经常会用到实验法和观察法，任何实验和观察结果必须转化为数据才能统计分析，特别是当有一些小课题涉及数学关系的数据时，处理细节数据，我们可以发挥图示法的优势——清晰、简明地呈现研究成果。

图示法是指利用点、线、面等的描绘，把研究对象的特征内部结构、相互关系相对比情况等方面的数据信息，绘制成整齐简明的图形，用以说明研究对象的量与量之间的对比关系的一种方法。

## 二、案例

**以 2013 年市级“小院士”获奖项目“自动玄关帘设计”为例，学生：施则威**

现代建筑或室内装修时出现了入户玄关这样一类设计。玄关类似一堵夹墙，设置在单元房户内靠近入户门的位置，围合出一个 1～2 平方米的区域，将外界的视线遮断。玄关虽好，但这 1～2 平方米的面积别无他用，固定在那里，不能和其他功能区合并。而现在流行的一些小户型建筑又因为空间有限，设计时必须挖空心思地安排下各种各样的基本功能，像私密性这样的需求被认为相对次要，往往无法满足。在小户型里，私密性和空间利用是一个需要解决的矛盾。

施同学跟我分享了一个令他记忆深刻的故事：他曾经走访过住在寸土寸金地段酒店式小公寓中的一位亲友。去了现场发现，整栋住宅楼非常高档，但每个楼层不分单元，一个大走廊两边密密地排布许多入户门，每家门前时不时地有行人走过，而户内布局是那种“大开间”，门打开后室内情形自然是一览无余，隐私不保。他的那位亲友在招呼他进门时基本上是将门半掩着侧着身体进入，这一幕激发了他的研究兴趣。

他一直在思考：能不能在现有紧凑设计的小户型上动动脑筋，做到不改变户型结构，不额外占用空间，又能实现类似玄关的功能呢？换句话说，能不能设计一个活动的玄关，当需要用的时候出现，不需要用的时候处于隐蔽状态？针对这一问题，他开展了相关研究，设计了不同途径，进行了多次模型试验制作，在很多次失败后依然求索，终于找到了比较理想的一种解决方案。

## 三、分析

经过一段时间的思考后，他有了初步的设想：门帘悬挂在室内入户通道中，与门形成一定距离，能够合围出一块与普通玄关相仿的空间（图 1），红色为玄关帘，蓝色为完全开启的入户门，黄色面积处就是临时玄关了。帘子拉开的方向应该与开门的方向一致，都是向左。一旦户门开启，帘子迅速移动，门开到最大角度时，玄关帘完全展开且停止运动，形成对户内的完全遮蔽。当门关合时，帘子应该做反方向运动直到全部收起，住户或访客可以自由地走进室内。

那么如何考虑拉动帘子的动力呢？他想到，帘子移动的力量最好来自于开门的力量，这样最为简单便捷，又能使两个运动同步。他试验了一些方法，最终决定用线绳一端连接门帘左上方，再通过滑轮将线绳引导到门框上部，线绳另一端与门扇顶部离转轴最远的位置连接（图 2）。在状态 1，门帘收紧在 E 点，以红色表示的线绳从 E 点出发，横向延伸至固定在墙壁上的定滑轮 F，再经 F 点弯折，沿墙壁延伸至门轴线处的定滑轮 C，进一步弯折延伸向固定在门框上的定滑轮 A，然后经由 A 点引向门扇端点 B。门扇开启时，B 点做弧线运动，相应拉动线绳，在状态 1 基础上额外拉伸出的线绳长度正好等于门帘拉开的幅度。

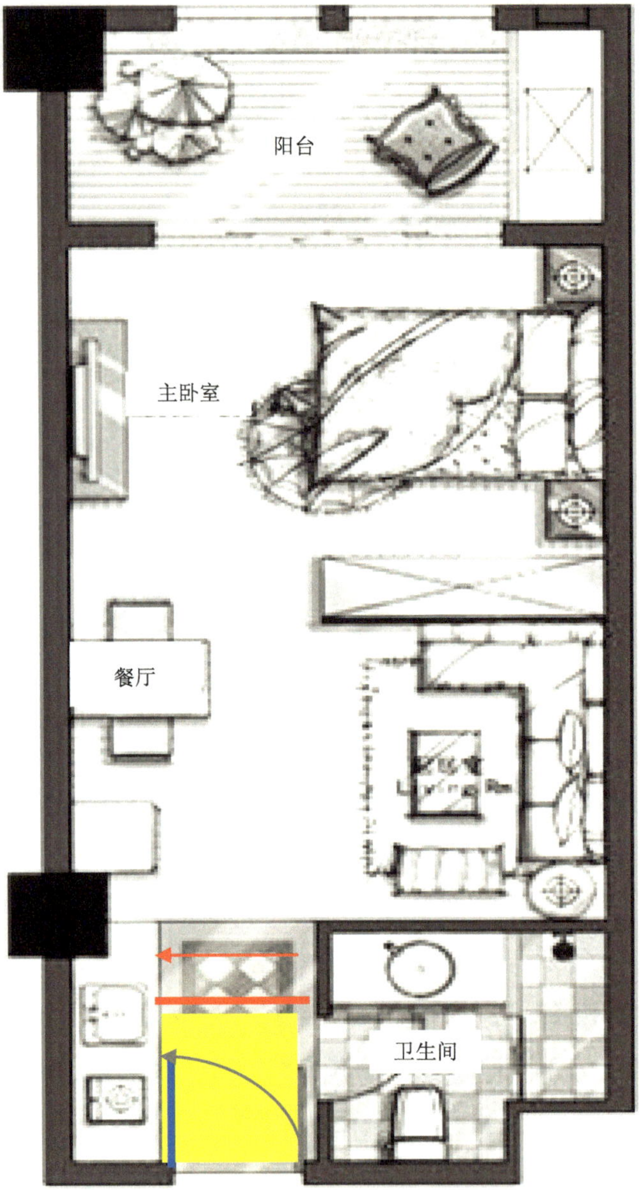


图 1

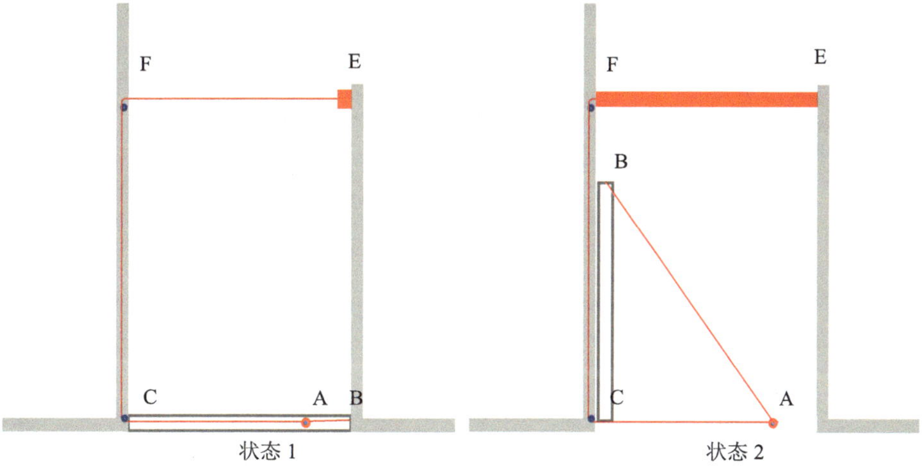


图 2

在试验过程中，他发现线绳从门框处被引向门扇的转折点 A 十分关键（图 2）。如果太靠右边，线绳及门帘被过度拉伸，会让门受限不能全部打开；如果太靠左边转轴位置，线绳被拉伸长度十分有限，门帘只能部分打开。变换几个位置后，他发现了一个适当的点 A，当门满幅打开时，门帘刚好全部打开。

后来，他用数学方法求证，找到了 A 点的合适位置。最终，他还把自己的设想实现出来，用生态板制作了 1：5 的模型。

为了进一步验证实际使用中的效果，发现从模型放大到实物过程中可能会出现的问题，他开展了 1：1 实物的制作（详见论文原文）。

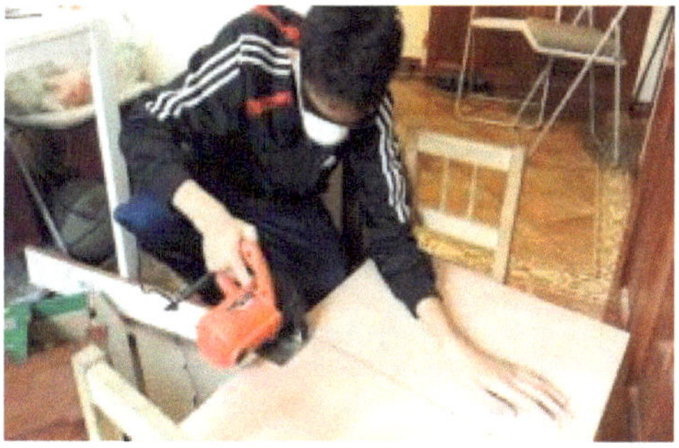

玄关帘模型—制作现场照片

模型成品—门扇停留在任意位置

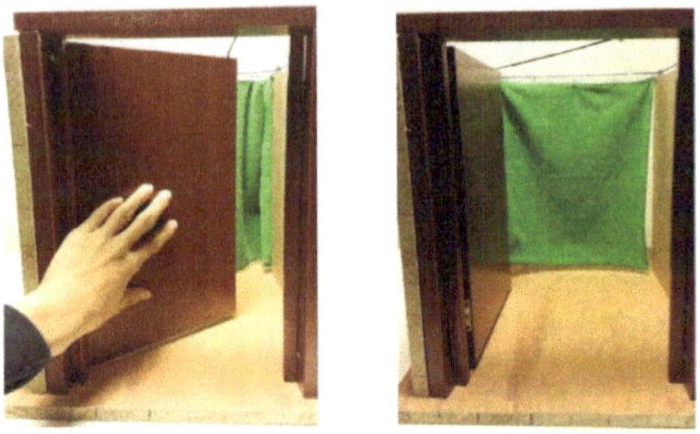

模拟门扇开启，玄关帘对窥视视线实现完全遮挡

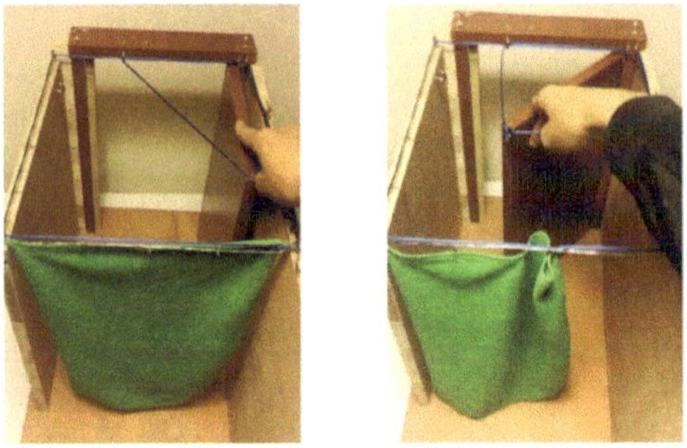

模拟门扇关闭照片—玄关帘同步收回

## 四、道理

施同学这个研究给我的突出印象是，他灵活地运用了所学的数学知识，从而更加准确、快速地解决玄关帘设计中遇到的难题。他采用画图示的方法把研究过程中的科学原理表述得很清楚，使我们可以准确地、连贯性地理解他的研究思路，最终对他的研究项目给予充分肯定。

例如，模型制作过程中他要涉及 A 点位置的精确表达，他用了这样的表达方式：设 C 点为转轴，B 点为门扇端点。状态 1 时，门全关闭，ABC 处于同一直线，状态 2 时，ABC 构成直角三角形。状态 2 中线段 AB 与状态 1 中线段 AB 长度之差即为线绳拉动的距离，也就是门帘拉开的长度。

设门宽 CB=$a$，则门帘宽 EF=$a$，设 A 点距离转轴 C 点的距离=$b$

比较状态 1 和状态 2，由勾股定理：

$$a=\sqrt{a^2+b^2}-(a-b)$$

解得：

$$b=\frac{3}{4}a$$

即 A 点离转轴为 3/4 门宽时，门扇开启最大位置，门帘也相应地拉到最大位置。

假设门的宽度为 4 个单位，当门扇位于状态 1 时，AB=1，当门扇运动到状态 2 时，已知 BC=4，AC=3，则 AB=5，可推知在状态 2 额外拉升出的线绳长度为 5−1=4，进而可以推知，此时线绳紧扣门帘的一端也相应地向左滑动了 4 个单位，正好是一个门扇的宽度，此时门帘应该是全部遮盖通道的状态。

下面，来分析在门扇开启的过程中，运动着的门帘是否能够实现对外部视线的完全遮挡？为此，让我们选择一个门扇开启过程中的中间状态——状态 3，对其俯视图进行分析（图 3）。

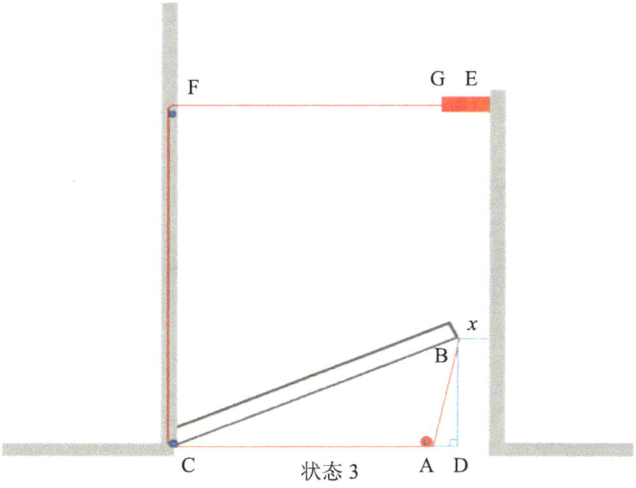


图 3

假设：

门扇外侧 B 点离开墙的距离为 $x$，B 点到门框的垂线与门框相交于 D，CB=4，AC=3　则：CD=4−$x$，AD=1−$x$

根据勾股定理：

$$BD=\sqrt{4^2-(4-x)^2}=\sqrt{8x-x^2}$$

$$AB=\sqrt{BD^2+AD^2}=\sqrt{8x-x^2+(1-x)^2}=\sqrt{6x+1}$$

此时线绳拉开门帘的宽度应该为

$$EG=AB-1=\sqrt{6x+1}-1$$

由此得到结论为：

当门扇推开，在水平方向形成 $x$ 宽度的视线缺口时，玄关帘将相应在其前方形成 $\sqrt{6x+1}-1$ 宽度的遮挡。

为了比较门扇在达到 90 度最大开启范围之前，玄关帘拉开宽度 $\sqrt{6x+1}-1$ 与门扇缺口 $x$ 的相对关系，我们将 $x$ 及 $\sqrt{6x+1}-1$ 的值按照 $x$ =0.1 的进阶绘制成图 4，其中蓝线为 $x$，代表门扇拉开的缺口宽度，红线为 $\sqrt{6x+1}-1$，代表门帘拉开的宽度，从图中可以看出，在门扇运动过程中，$\sqrt{6x+1}-1$ 始终大于 $x$，即表明，在运动过程中，门帘拉开的幅度始终超过门开启的幅度。为了更加直观表示，设门宽为 4 个单位，选取门打开 30 度、45 度、60 度的情形（图 5），比较如下：

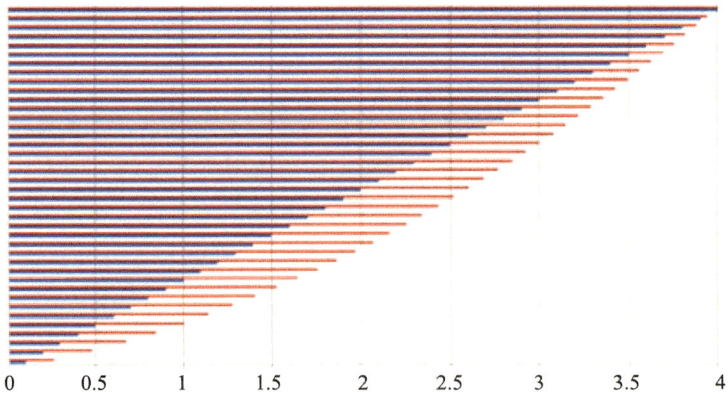


图 4

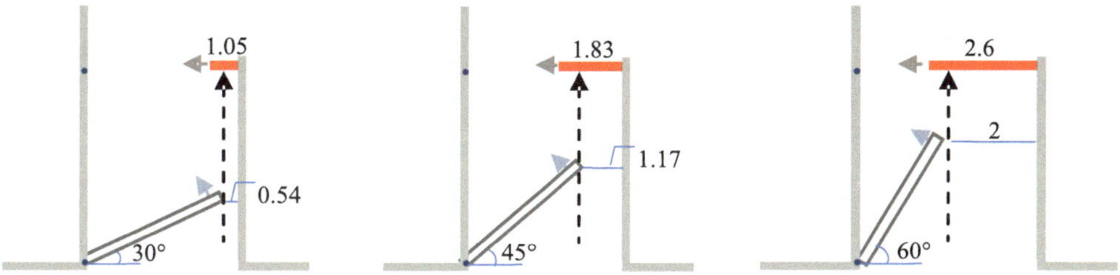


图 5

当门打开 30 度时，缺口宽=0.54，门帘拉开宽度=1.05；

当门打开 45 度时，缺口宽=1.17，门帘拉开宽度=1.83；

当门打开 60 度时，缺口宽=2，门帘拉开宽度=2.6。

至于门帘从打开状态收回的动力，他开始想到的是用一根弹力橡皮筋系在帘布上，反方向牵引。当门帘拉开，橡皮筋伸长，产生张力，当门关上，线绳放松，橡皮筋回弹，带动门帘收紧。但经试验后发现，由于橡皮筋的弹力随拉开长度加大，门打开的幅度越大，开门越费劲，线绳和橡皮筋也都容易断。而且，在橡皮筋弹力的带动下，门不能在任意位置停留，只要一松手，就会关合上，不太符合人们的使用习惯。

因此，他思考如何同样平顺地解决关闭门帘所需的动力来源。由于之前已经有了推门联动的设计，所以这一次用类似的线绳牵引原理，很好地运用数学手段解决了关门时门帘同步闭合的问题，如图 6 所示。除了红色表示的线绳从门帘左上角经 G、F、C、A 到 B 点固定，对门帘实现开启外，再用蓝色表示的线从门帘左上角经 G、E、H、C、I 也到 B 点固定。IC=AC，同样为门扇宽度的 3/4。这样当开门时红线被牵引，门帘打开，当关门时蓝线被牵引，门帘被关闭，由于 IC=EF 的 3/4，同样推理，当门全合上时，门帘也全部闭合。

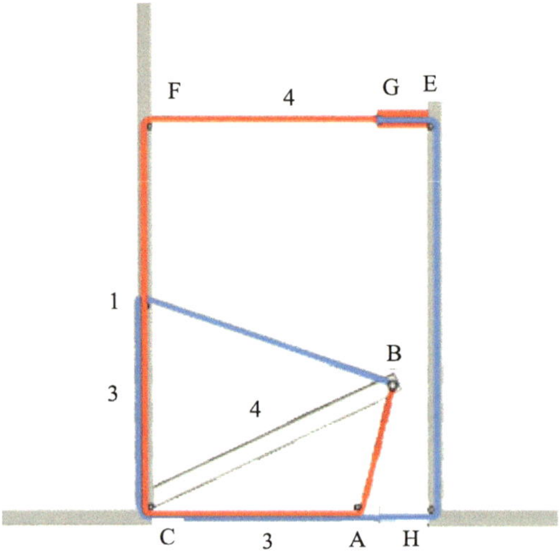


图 6

点评

科学研究是一个激发同学们运用多学科知识解决实际问题的最好载体，“自动玄关帘”项目的作者就是灵活运用了数学知识来解决生活中的问题。最为宝贵的是作者还抓住了一个细节——运用图示的方式可以更直观地说明科学原理。

正如《道德经》中所言，“万物之始，大道至简，衍化至繁。”读者通过项目中几幅关键的图示就能够很快、很准确地了解其复杂的思考过程、研究过程。

# 成果呈现

## 02

# 原始资料的收集与记录

北京市第八中学　高　颖

青少年科技创新学习以项目式学习形式进行，一项出色的创新作品的诞生，是学生认认真真、踏踏实实学习多日的成果。学生踏实认真的学习态度是以他们日常积累的原始资料的记录和收集整理呈现的，多年来的教学实践发现，一名优秀的学生在学习成果完成之时，一定伴随着这一份丰厚的，有很强科学逻辑的原始资料出炉。

一般学习之初，教师都会要求学生准备一个笔记本并随身携带，记下学习笔记、学习心得、实验方法、实验过程、参观记录、讲座笔记等，而且这个本子会伴随研究学习整个过程，会记录学生科技创新学习的点点滴滴，学生们也会在记录过程中学会分类、学会整理、学会反思。在学生学习过程中，教师经常让学生将撰写的学习笔记和日记上交审阅。在审阅过程，老师不仅可以了解学生学习状态，而且可以给予学生有针对性的指导。

2015 届毕业生杨子璇同学在做“普鲁士蓝类似物修饰超轻宏孔沸石对重金属离子的吸附性能研究”项目学习过程中，非常注重日常积累。他的项目是在北京师范大学核科学与技术学院射线束技术与材料改性教育部重点实验室，由刘培生、郭宜娇老师指导完成的，研究的是重金属污染。重金属污染指由重金属或其化合物造成的环境污染，共分为：铅污染、镉污染、汞污染、砷污染、铬污染、铜污染、镍污染、锌污染共 8 类。其中镉的毒性很大，可在人体内积蓄，主要积蓄在肾脏，能够取代骨中钙，使骨骼严重软化，骨头寸断，引起胃脏功能失调，干扰人体和生物体内锌的酶系统，导致高血压症上升，引起泌尿系统的功能变化；镉的主要来源有电镀、采矿、冶炼、燃料、电池和化学工业等排放的废水。因此本实验制备了超轻宏孔沸石，在其表面附着了具有离子吸附能力的普鲁士蓝类似物，并以吸附镉离子为例，考察了沸石用量、pH 值、时间和原离子浓度对重金属离子吸附的影响。实验结果表明，25℃时，经普鲁士蓝类似物修饰的超轻宏孔沸石在用量为 0.5 克、时间为 16 小时、pH=8 时对 500 毫升浓度为 100 毫克/升的 $CdCl_2$ 溶液吸附效果最佳，最大吸附量可达 66.2 毫克/克。

这样的研究课题对中学生来讲非常有难度，他在日记中详细记录了研究过程，例如：

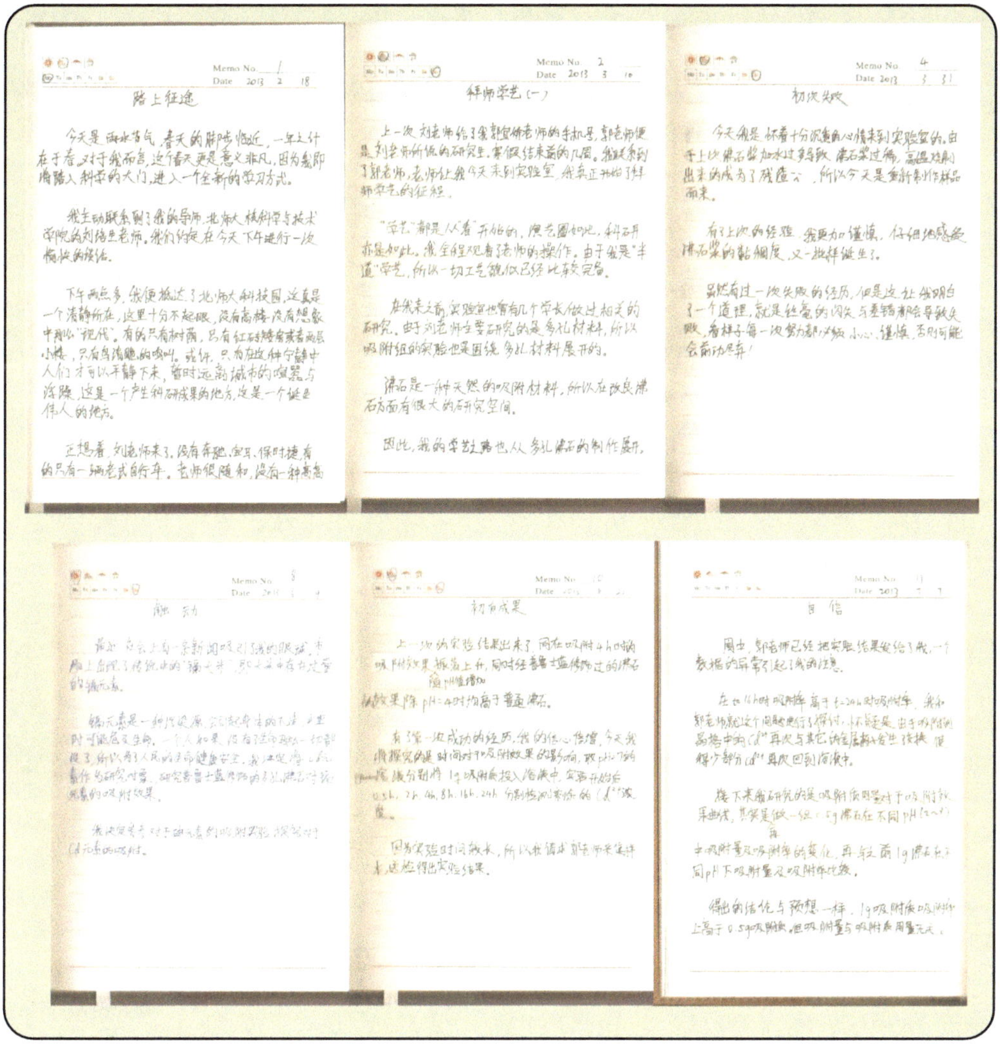

上面展示了这个学生的部分日记，尽管他的字迹略显稚嫩，语言也不够精美和丰富，但是字里行间展现出了一个学生勤奋探究的历程。日记也是老师与学生交流的窗口，譬如老师从日记中可以看到学生的困惑，这时老师就可以及时答疑解惑；看到学生研究缺陷也可以及时纠正。

在做研究过程中，他还积累了丰富的实验数据。

吸附质质量对 500 毫升，浓度 100 毫克/升镉溶液吸附性能的影响

| pH 值 | 吸附质质量/g | 吸附量/（mg/g） | 吸附率/% | 吸附质质量/g | 吸附量/（mg/g） | 吸附率/% |
|---|---|---|---|---|---|---|
| 2 | 0.5 | 16.1 | 16.58 | 1.5 | 12.00 | 37.00 |
| 3 | 0.5 | 1.70 | 1.75 | 1.5 | 10.47 | 32.33 |
| 4 | 0.5 | 6.60 | 6.79 | 1.5 | 22.60 | 69.23 |
| 5 | 0.5 | 2.00 | 2.06 | 1.5 | 14.93 | 46.14 |
| 6 | 0.5 | 40.5 | 41.71 | 1.5 | 25.10 | 77.55 |
| 7 | 0.5 | 52.3 | 53.55 | 1.5 | 30.04 | 92.82 |
| 8 | 0.5 | 66.2 | 68.20 | 1.5 | 31.85 | 98.40 |

pH 值对 500 毫升，100 毫克/升镉溶液去除率的影响

| pH 值 | 吸附质质量/g | 平衡浓度/（ml/L） | 吸附率/% |
|---|---|---|---|
| 2 | 1.5 | 61.1 | 37.00 |
| 3 | 1.5 | 65.7 | 32.33 |
| 4 | 1.5 | 29.2 | 69.23 |
| 5 | 1.5 | 52.3 | 46.14 |
| 6 | 1.5 | 21.8 | 77.55 |
| 7 | 1.5 | 6.97 | 92.82 |
| 8 | 1.5 | 1.55 | 98.40 |

25℃，500 毫升 $CdCl_2$ 溶液 $Cd^{2+}$离子等温吸附结果

| $Cd^{2+}$溶液浓度/（mg/L） | 20 | 40 | 60 | 80 | 100 | 200 | 300 | 400 |
|---|---|---|---|---|---|---|---|---|
| 平衡溶液浓度/（mg/L） | 3.42 | 10.64 | 23.20 | 32.66 | 42.20 | 105 | 207 | 302 |
| 吸附量/（mg/g） | 8.29 | 14.68 | 18.40 | 23.67 | 28.90 | 47.5 | 46.5 | 49.0 |

q 为吸附量，$q_{max}$ 为最大吸附量，$C_f$ 为吸附平衡时报溶液中镉离子的浓度，b 为 Langmuir 常数。

他的课题成果，除了丰富的数据，还有形象的电镜图。

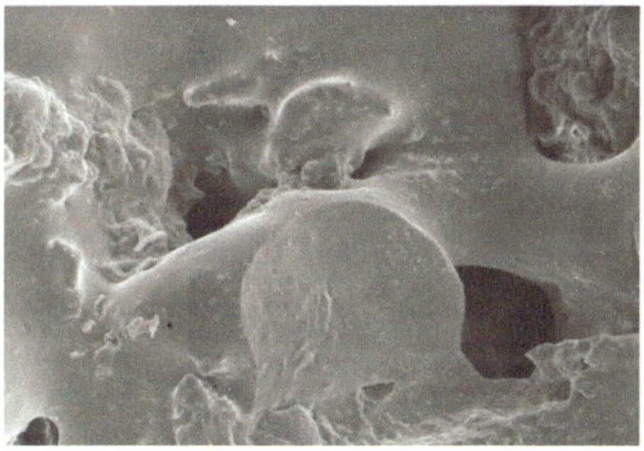

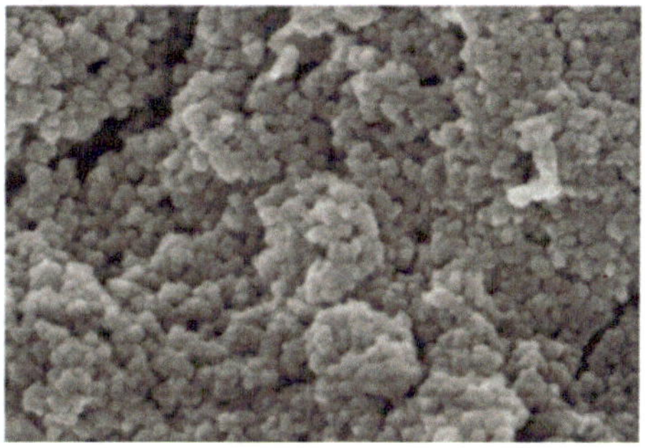

## 研究过程中还阅读了大量参考文献


[1] 徐邦梁.沸石[M]. 北京：地质出版社，1979.

[2] BuserHJ，SchwarzenbachD，PetterandW，et al. The Crystal Structure of Prussian Blue：$Fe_4[Fe(CN)_6]_3\cdot H_2O$[J]. Inorganic.Chem，1977，16(11)：2704-2710.

[3] Cao M，Wu X，He X，et al. Shape-controlled synthesis of Prussian blue analogue $Co_3[Co(CN)_6]_2$ nanocrystals[J]. Chem. Commun.，2005，17：2241-2243.

[4] 崔光，郭宜娇，刘培生. 普鲁士蓝类似物修饰多孔沸石的制备及其 As 吸附能力[J]. 化学学报，2012，70(24)：2525-2528.

[5] Gall BLe，TaranF，Renault D，et al. Comparison of Prussian blue and apple-pectin efficacy 137Cs

decorporation in rats[J]. Biochimie.，2006，88(11)：1837-1841.

[6] Thompson DF，PHarm D，Church CO. Prussian Blue for Treatment of Radiocesium Poisoning[J]. PHarmacotherapy：J. Human PHarmacol. Drug Therapy，2001，21(11)：1364-1367.

[7] 崔光. 多孔沸石基陶瓷和多孔钛镍合金的制备及研究[D].北京：北京师范大学，2013，29-47.

[8] 胡忠于，罗道成. 改性累托石对镉离子吸附性能的研究[J]. 环境工程学报，2007，1(4)：82-85.

[9] 刘瑞霞，汤鸿霄. 负载镧纤维吸附剂对氟离子的吸附性能[J]. 环境科学，2000，4(21)：35-37.

[10] Natesakhawat S，Culp J T，Matranga C，et al. Adsorption Properties of Hydrogen and Carbon Dioxide in Prussian Blue Analogues $M_3[Co(CN)_6]_2$，M = Co，Zn[J]. J. PHys. Chem. C，2007，111(2)：1055-1060.

[11] Jin W，ToutianoushA，Pyrasch M，et al. Self-Assembled Films of Prussian Blue and Analogues：Structure and MorpHology，Elemental Composition，Film Growth，and Nanosieving of Ions [J]. J. PHys. Chem. B，2003，107(44)：12062-12070.

[12] LehtoJ，HaukkaSandHarjula R. Mechanism of caesium ion exchange on potassium cobalthexacyanoferrates(II)[J]. J. Chem. Soc.Dalton Trans.，1990，3：1007-1011.

[13] Langmuir I. The adsorption of gases on plane surfaces of glass，mica，and platinum [J].J. Am. Chem. Soc.，1918，40(3)：1361-1403.

[14] 赵振国. Langmuir 方程在稀溶液吸附中的应用[J]. 大学化学，1999，14(5)：7-11.

[15] Steven S. Kaye，Jeffrey R. Long. Hydrogen Storage in the Dehydrated Prussian Blue Analogues $M_3[Co(CN)_6]_2$ [J]，American Chemical Society，2005，127(18)：6507.

丰富、翔实的科学笔记不仅留下了学生科学研究的足迹，更重要的是使学生学会了学习，学会了尊重知识、崇尚创新。

这样的学习模式使科技创新学习的脚步是坚实的，科技创新学习的成果是丰硕的，学生们带着这样的本领在高一级学校也会取得丰硕成果！

科技创新学习是一项具有挑战性的新型学习方式，“脚踏实地，一步一个脚印”的学习作风会由“高质量的原始资料积累”走向创新的高峰！

# 成果呈现

## 03

## 科技论文中图表的设计
### ——以“炒菜勾芡对人食用油与食盐摄入量的影响”为例

北京中学　岳　蕾

随着“科技创新大赛”“金鹏科技论坛”“小院士”课题研究活动等各项科技比赛的开展，中小学生撰写科技论文已屡见不鲜。一篇完整的科技论文包括标题、摘要和关键词、背景、目的、方法、结果、分析与讨论、结论与建议、收获与体会、致谢、参考文献等内容，其中结果部分必不可少。这里的结果主要指调查、考察、观察、实验获得的信息和数据，结果的呈现方式主要包括文字描述法和图表法。其中图表法简单明了、直观性强，便于对研究结果进行分析与讨论。根据多年来指导和修改学生科技论文的经验发现，学生在使用图表法呈现研究结果时，易出现图表格式不正确、图表内容不完整和图表形式选择不当等问题，下面将以科技论文《炒菜勾芡对人食用油与食盐摄入量的影响》为例，为大家介绍科技论文中图表的设计。

## 一、图表的使用

《炒菜勾芡对人食用油与食盐摄入量的影响》一文中，勾芡是把淀粉调成粉汁淋在快熟的菜肴上形成一层薄粉糊的过程，从而使汤汁与油黏附在菜肴表面，可以使菜肴鲜香美味、色泽明亮，而且有利于保存菜肴的营养成分。但在勾芡后，汤汁会随芡粉黏附在菜肴表面，可能会造成摄入油脂与食盐量较大。而长期过多食用油脂和食盐对人的健康不利，如过多摄入盐分会造成高血压、胃癌、骨质疏松等疾病，食用油脂过多也会导致肥胖、高血脂、中风等健康问题。

炒菜中勾芡这一传统做法是否会造成人摄入油脂和食盐量增加？会增加多少呢？所增加部分占人较合理的食用油与食盐摄入量比例如何？为了研究这些问题，作者通过实验，探究比较炒菜勾芡与不勾芡两种做法对人实际摄入食用油与食盐的影响，从而定性回答勾芡是否使人增加摄入了食用油与食盐的问题，也可以得到所增加食用油与食盐摄入量的定量数据。在此基础上，作者还通过问卷调查获得了居民对炒菜勾芡相关知识了解情况的数据。

在研究过程中会获得大量的数据，如何呈现这些数据，才能让大家更直观地比较炒菜时勾芡与未勾芡造成人摄入食用油和食盐量的影响，便于分析多摄入的部分占人正常摄入量的比例。图表法是直观地呈现数据的方法之一，清晰规范的图表可以让别人更直观、更清楚地了解数据的内容及数据间的关系和规律。因此，作者使用了图表来呈现调查和实验结果。

## 二、图表的选择和设计

### 1. 表格的选择和设计

在不同菜肴不同做法的实验结果统计中，作者选用了表格法呈现实验结果（表 1）。

表 1

| 菜名 | 勾芡 | 用盐 | 用油 | 收集残余汤汁体积 $V$ | 残余汤汁中油层体积 $V_{油}$ | 稀释倍数 | 汤汁中氯离子浓度 $C$ | 汤汁中总氯离子质量 | 汤汁中氯化钠质量 $m_{盐}$ |
|---|---|---|---|---|---|---|---|---|---|
| 肉末豆腐 | × | 5g | 40ml | 33ml | 11.6 | 2 000 倍 | 82.8g/L | 2.7g | 4.5g |
|  | √ | 5g | 40ml | 19ml | 8.0 | 2 000 倍 | 78.2g/L | 1.5g | 2.4g |
| 豌豆烧茄丁 | × | 4g | 40ml | 33ml | 5.9 | 2 000 倍 | 69.0g/L | 2.3g | 3.8g |
|  | √ | 4g | 40ml | 16ml | 4.8 | 2 000 倍 | 59.8g/L | 1.0g | 1.6g |
| 炒生菜 | × | 3g | 30ml | 72ml | 3.3 | 500 倍 | 17.3g/L | 1.2g | 2.0g |
|  | √ | 3g | 30ml | 36ml | 1.7 | 500 倍 | 18.4g/L | 0.7g | 1.1g |

表 1 是实验指导之前的表格。可以看出，表格内容不完整，而且显得烦琐，不能清晰地呈现作者的意图，更无法让别人直观地了解实验的条件和结果，具体来说存在以下问题：

- 表格编号与表题：有编号，但缺少表题，即表的名称，应放在表格编号后并空一格排写。表的编号和表题应置于表格上方居中的位置，并与表格排在同一页上。
- 表格：表格中各栏标明了量和相应的单位，但单位应写在表头中，而不是每个数字的后面，如果全表使用同一个单位，将单位符号写在表头的右上角，如在表格的右上角写上（单位：g）；表格中数字空缺时使用“—”，不要为空。
- 表格的注释：表格中出现一些特殊符号和数字时，需要进行注释，表格的注释应该写在表格的下方，如上表中“×”和“√”分别代表什么应在表格下方进行注释。

经教师指导，学生修改后的表格如下所示。

表 2　实验结果

| 菜名 | 勾芡 | 用盐/g | 用油/ml | 收集残余汤汁体积 $V$/ml | 残余汤汁中油层体积 $V_{油}$/ml | 稀释倍数/倍 | 汤汁中氯离子浓度 $C$/(g/L) | 汤汁中总氯离子质量/g | 汤汁中氯化钠质量 $m_{盐}$/g |
|---|---|---|---|---|---|---|---|---|---|
| 肉末豆腐 | × | 5 | 40 | 33 | 11.6 | 2 000 | 82.8 | 2.7 | 4.5 |
| | √ | 5 | 40 | 19 | 8.0 | 2 000 | 78.2 | 1.5 | 2.4 |
| 豌豆烧茄丁 | × | 4 | 40 | 33 | 5.9 | 2 000 | 69.0 | 2.3 | 3.8 |
| | √ | 4 | 40 | 16 | 4.8 | 2 000 | 59.8 | 1.0 | 1.6 |
| 炒生菜 | × | 3 | 30 | 72 | 3.3 | 500 | 17.3 | 1.2 | 2.0 |
| | √ | 3 | 30 | 36 | 1.7 | 500 | 18.4 | 0.7 | 1.1 |

注：“×”代表未勾芡，“√”代表勾芡。

从表 2 中可以直观清晰地看到不同菜肴经勾芡和未勾芡的方式制作后，食用油用量，残余汤汁体积、油层体积，汤中氯离子浓度、质量，汤汁中食盐的质量。

## 2. 图形的选择和设计

在研究论文中，常见的图形有柱状图、饼状图、线状图、散点图等，都能直观而清晰地显示数据间的关系。当要对数据进行比较分析时，可采用柱状图，比较效果直观、明显；当要对数据进行百分比描述时，可选用饼状图，可清晰地体现出各部分所占比例；当要观察数据的变化趋势时，可使用线状图或散点图，线状图描述的是一些连续变化的数据，散点图则是描述一些独立变化的数据。例如，三种菜肴分别勾芡与未勾芡后，残余汤汁体积比较，使用柱状图呈现数据，如图 1 所示。

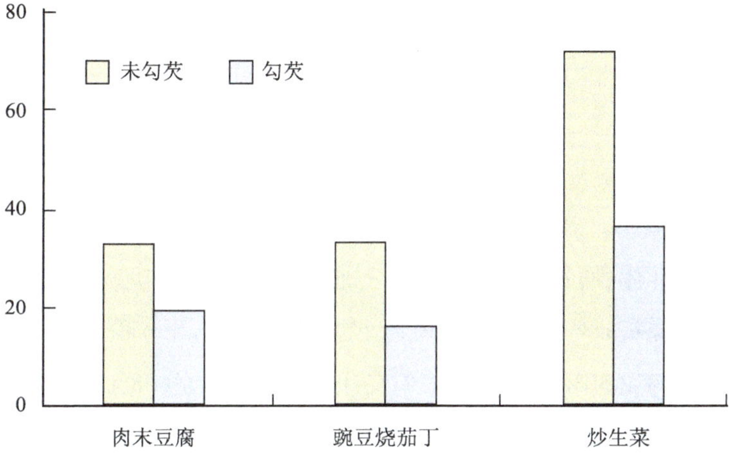


图 1

可以看出图 1 中的内容不完整，不能清晰地表达作者的意图，更无法让别人直观地了解图形所表达的意思，该图形存在以下问题：

- 图形编号与图题：有编号，但缺少图题，即图的名称，应放在图形编号后并空一格排写。图的编号和图题应置于图形的下方居中的位置，并与图形排在同一页上。
- 坐标轴：图片中的横纵坐标轴上有刻度和数据，但缺少变量名称和单位。

经教师指导后，学生最终的图形如下所示：

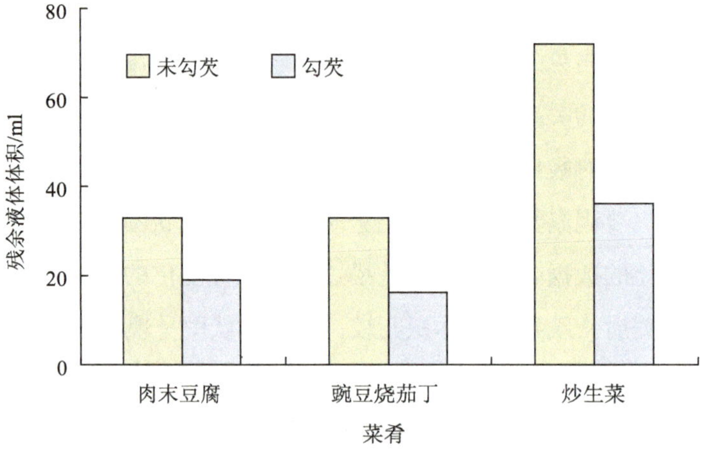


图 2　菜肴勾芡与未勾芡残余汤汁体积比较

由图 2 可以看出，家庭炒制的三种菜肴中普遍残余有汤汁，其中生菜由于含水量较高，残余汤汁体积较大。三种菜肴分别采用勾芡与未勾芡，勾芡后残余汤汁体积明显比未采用勾芡时残余汤汁体积少，勾芡后残余汤汁体积仅分别为未勾芡汤汁体积的 57%、48%和 50%，平均较未勾芡残余体积减少约 48%。这主要是因为淀粉受热后具有较强的吸水性，汤汁可被淀粉吸收后黏附在菜肴表面，从而使勾芡后残余汤汁明显减少。

本文利用饼状图呈现了问卷调查的结果，图 3 是教师指导前的图形，存在以下问题：

- 图形编号与图题：有编号，但缺少图题，即图的名称，应放在图形编号后并空一格排写。图的编号和图题应置于图形的下方居中的位置，并与图形排在同一页上。
- 选项名称：仅给出了各选项所占百分数，但未标出各选项代表的选项内容。

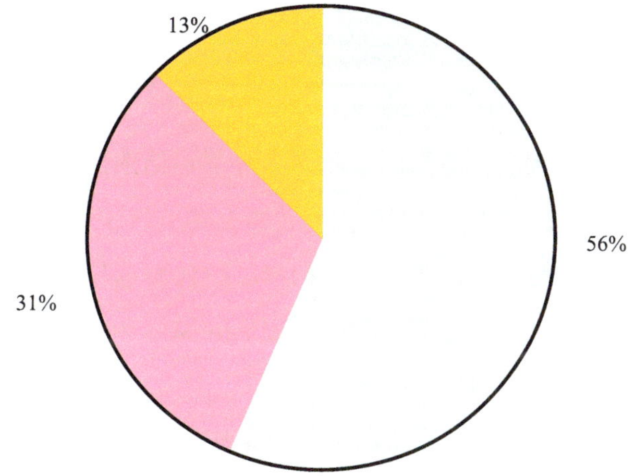


图 3　教师指导前原统计图

经指导后，学生修改的图形如图 4 所示，可以直观地看出在采访的人群中，约 87%的家庭经常炒菜时勾芡或有时勾芡，仅有 13%家庭不勾芡。可见，炒菜勾芡是比较常用的一种做法。

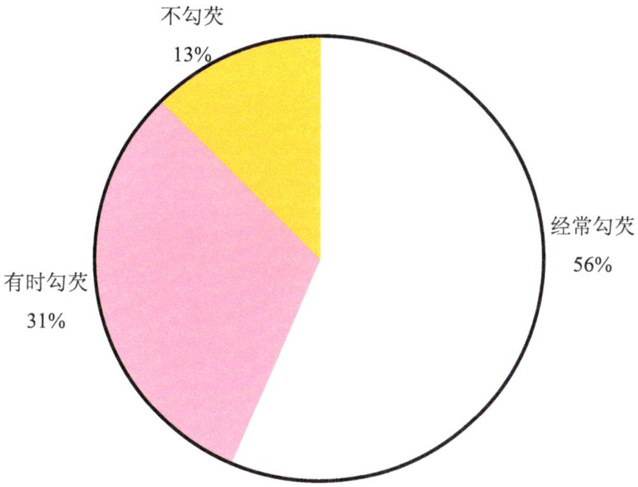


图 4　小区居民对炒菜勾芡的用法统计

总之，完整的表格包括表格编号、表题、表头、单位、数据、注释等内容，且编号和表题放置在表格的上方，单位放于表头或表格的右上方，注释置于表格下方，全文表格从头到尾应按照顺序依次编号。

完整的柱状图、线状图、曲线图、散点图等都包括图形的编号、图题、横纵坐标上的变量名称、单位、刻度、数据等内容，数据单位放于坐标轴的变量名称之后；完整的饼形图包括图形的编号、图题、各扇形图所代表选项名称及百分比，百分比置于选项名称之后，标于各扇形部分附近，图形的编号和图题放置在图形的下方，全文的图形从头到尾应按照顺序依次编号。

在科技论文中使用图表法来呈现研究结果，应做到以下三点：

- 图表形式有选择：呈现数据时，能用表就不用文字；能用图就不用表；用图时，数据比较用柱状图，连续变化趋势用线状图，独立变化趋势用散点图，百分数用扇形图。
- 图表格式要正确：图表都需要依次连续编号；表题位于表格上方居中，图题位于图形下方居中；表格单位要独立写在表格右上方或表头，图形单位要写在坐标轴的变量名称后；同一表格中数据的有效数字保持一致，图形中的横纵坐标要有刻度。
- 图表信息要完整：图表都需要编号、标题、变量名称、单位、数据等信息。

# 成果呈现

# 04

# 演示模型的设计与制作

北京市西城区青少年科学技术馆　闫莹莹

做研究要有理有据，如果能把自己的想法展示出来，就更能说明问题。那么如何展示呢？更好的方式是利用模型展示自己的想法或者解决方案，并且能在模型的基础上得到更确定的数据来进一步说明自己的观点。

数学建模、3D 建模、实物建模，这些都是我们常用的演示建模的表现形式。

模型制作就是根据设计方案所要表现的效果，借助于一定的材料、加工和工艺处理以实体呈现出来的过程。在某种意义上，是将概念付诸于实践的过程，一方面可以用来分析设计中的不合理性以便加以改进；另一方面可以分析设计中的合理性和可能性，以便取得更好的设计方案。

## 一、数学建模

### 1. 基本概念

数学建模是利用数学方法解决实际问题的一种实践。通过抽象、简化、假设、引入变量等处理过程后，将实际问题用数学方式表达，建立起数学模型，然后运用先进的数学方法及计算机技术进行求解并验证。

### 2. 应用实例

中学物理课中，光的波粒二象性的实验在课堂上的演示实验总看不清楚。于是，同学们就萌发了使用 MATLAB 模型软件更真实的还原实验过程的想法。

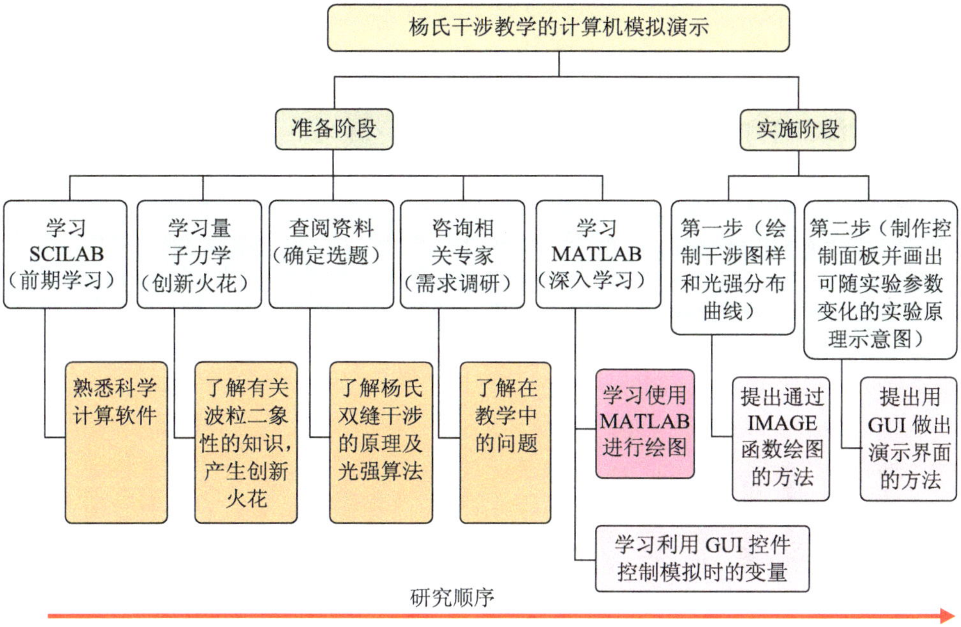


图1　杨氏干涉计算机模型的设计思路

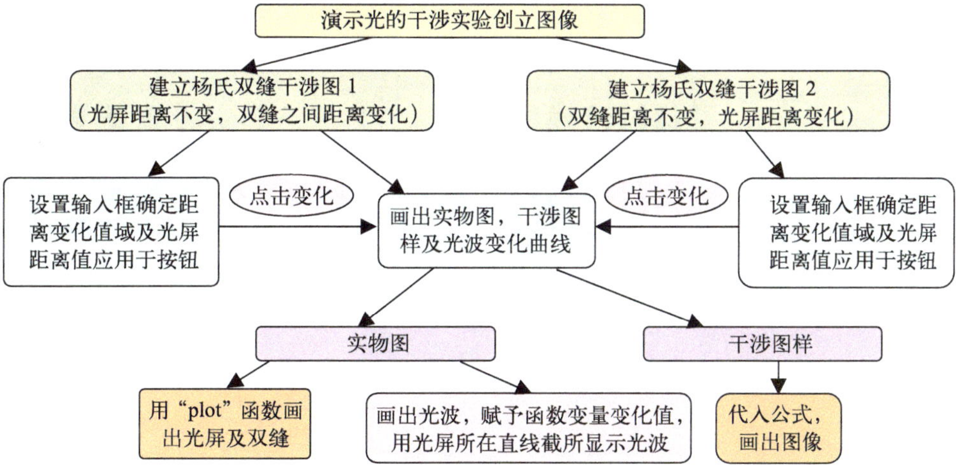


图2　杨氏干涉实验计算机模型的设计实现交互步骤

### 3. 最终效果

画出干涉图样和光强分布曲线：条纹间距随双缝间距 $d$ 及缝与光屏间的距离 $D$ 的变化而变化。

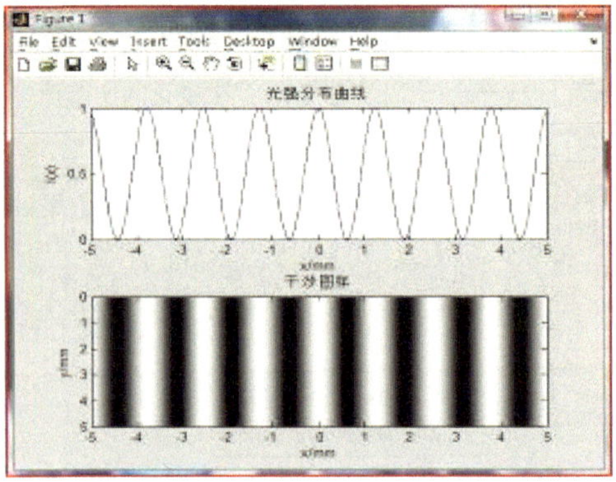


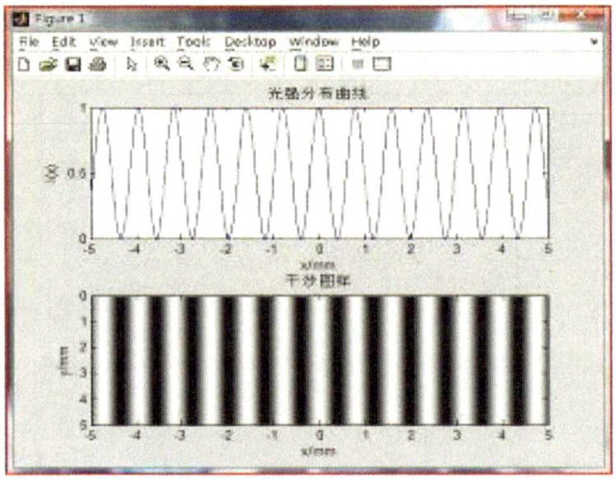


设计控制面板并画出可随实验参数变化的实验原理示意图。

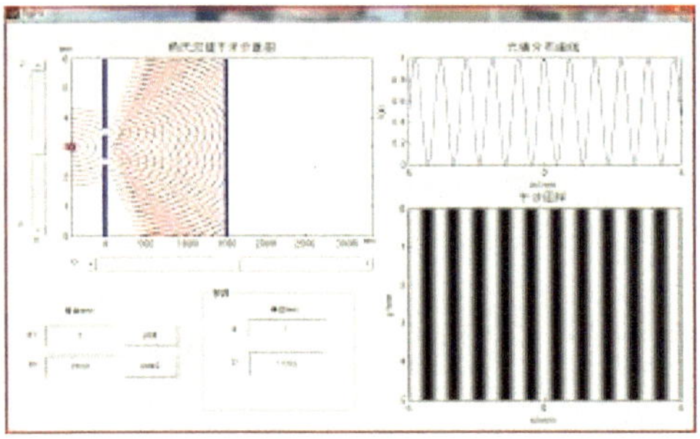

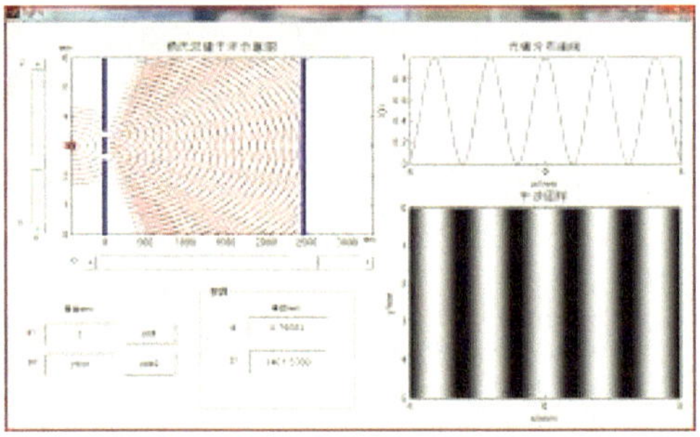

## 二、3D 建模

### 1. 基本概念

在计算机里显示 3d 图形指的是在平面里显示三维图形。

有很多建模软件都可以辅助完成你的设计。AUTO CAD 是最常用的，通常用于出平面图。solidworks 或者 cero Parametric，能够建立零件和更复杂的机械设计图样。

## 2. 应用实例

“我想设计一款会叠衣服的机器人，可以减少重复劳动。”

叠衣服的机器人整体外观设计图就可以利用计算机模型设计成这个样子。利用叠衣板的原理，我们在叠衣板的基础上增加驱动电机，实现自动叠衣服和规整衣服的几个工序，减轻叠衣服本身的重复性工作。在叠衣过程中，分别进行左、右、上各一次翻折，实现衣服对折后形成一个基本的长方形。通过分拣叉车，利用一个 3 自由度空间滑轨，把叠好的衣服从叠衣底板上移动到衣服储放隔间中。衣服的分拣依靠颜色传感器来完成，根据衣服颜色，将衣服放在不同隔间，衣服隔间分为深色隔间和浅色隔间两种。衣服储放隔间有三面围挡，可保证分拣叉车方便衣服规整，且利于用户取出所需衣物。

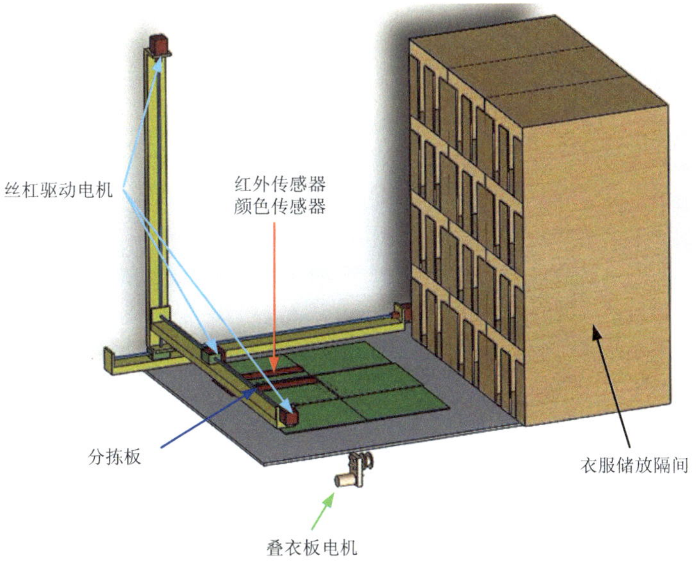


图 3　叠衣服机器人的初步 3D 设计模型

## 3. 最终效果

虽然有一个完美的 3D 建模设计，但是现实中的制作和调试往往并不能全部实现。最后，叠衣服机器人为了保证能在 15 秒内完成整个叠衣服的平整效果，同时能实现连续叠衣服的过程，在实物模型制作过程中，没有存衣柜这个部分。这是 3D 建模和实物建模的差距，在计算机中我们有时会忽略实物中的厚度、材料、耐性、颜色等很多方面。

即使经过反复测试，小作者的水平是实现不了再次分类和准确送入分隔间中一系列的过程。最后，在实物模型中只实现了叠衣服的部分，收纳的部分就由手直接操作完成。

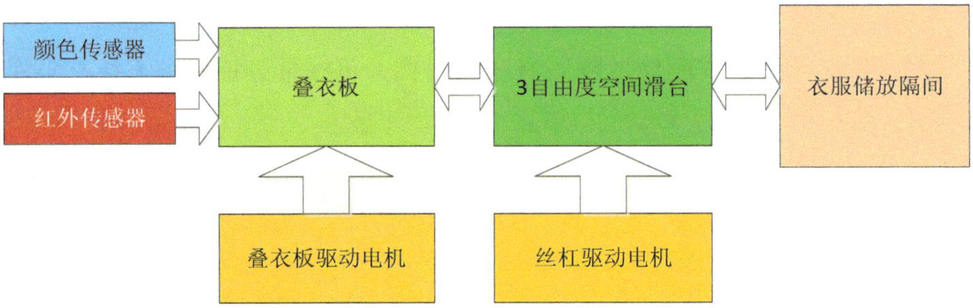


图 4　叠衣服机器人实物模型中对应的各部分机构

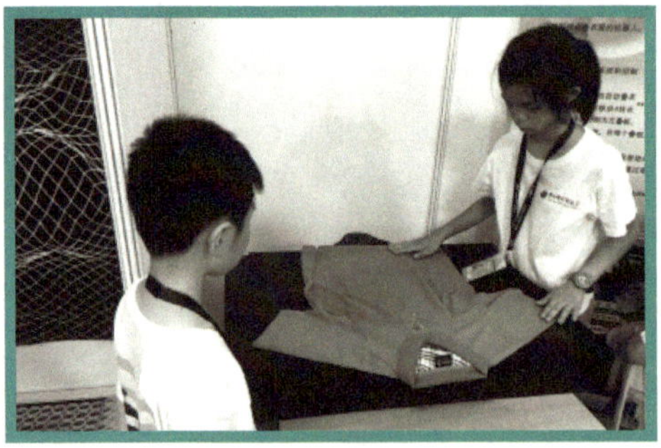

图 5　小作者在操作测试叠衣服机器人的实物模型

## 三、实物模型

### 1. 基本概念

实物模型和类比模型统称实体模型。

实物模型是根据相似性理论制造的按原系统比例缩小（也可以是放大或与原系统尺寸一样）的实物，例如，风洞实验中的飞机模型、水力系统实验模型、建筑模型等。

实物模型相比于 3D 模型，更加贴近想要的内容，还原度更高。实物模型更直观，更具体，我们可以等比例还原，同时还能演示相对复杂的过程，简化变量，针对我们要表现的内容，突出重点。学生可以利用乐高零件、木头、石膏、橡皮泥、卡纸、PVC 板等进行实物模型的机构制作。如果需用电子控制，可以利用 Android 等，和对应的传感器进行制作。

### 2. 应用实例

换垃圾袋可是个“麻烦”事，首先要把垃圾桶内胆取出，再从内胆里把装满垃圾的垃圾袋取出来，再把新的垃圾袋套到内胆上，最后把内胆放入垃圾桶里。于是，自动封口、换袋垃圾桶就诞生了。

到底是否和我们想象的一致，我们可以利用手头的材料把这个模型制作出来，然后测试效果。

根据小区内调查居民和对市场上垃圾桶尺寸统计来设计这个更换方式和“自动”的方法。

挑选合适的技术，例如，垃圾桶打开方式的设计。制作一个长的脚踏板，一端固定，另一端伸到桶身以外，利用杠杆原理下压原有脚踏板，启动出套装置。这样，不论垃圾重量多少，只要踩下这个脚踏板，就可实现垃圾袋自动封口。

| 序号 | 问题 | 答案/选项（60份问卷） | | |
|---|---|---|---|---|
| 1 | 您家现有几人（含长期暂住） | 2人（含）以下 | 3-4人 | 5人（含）以上 |
| | | 18 | 23 | 19 |
| 2 | 您家现用几个垃圾桶 | 0 | 1-3 | 4（含）以上 |
| | | 0 | 8 | 52 |
| 3 | 您家垃圾由谁管理 | 本人 | 家人 | 其他人 |
| | | 10 | 45 | 5 |
| 4 | 您家垃圾是否分类 | 是 | 否 | |
| | | 28 | 32 | |
| 5 | 您家垃圾多长时间清倒一次 | 每天 | 每两天 | 不定 |
| | | 50 | 0 | 10 |
| 6 | 您家垃圾桶什么形状 | 圆形 | 方形 | 圆形方形都有 |
| | | 35 | 15 | 10 |
| 7 | 您对现有垃圾桶是否满意 | 满意 | 不满意 | 说不清 |
| | | 5 | 48 | 7 |
| 8 | 您认为开发一种新型垃圾桶有必要吗 | 有必要 | 无必要 | 无所谓 |

| 产品种类 | 询价地点 | 产品 | 品牌 | 形状 | 功能描述 | 价格 |
|---|---|---|---|---|---|---|
| 普通垃圾桶 | 家乐福<br>华联超市<br>天虹超市 |  | 欧本、浪漫樱花、优洁乐、美丽雅 | 圆形方形 | 普通，无特别功能 | 53-144元 |
| 自动开盖垃圾桶 | 京东商城<br>淘宝网 |  | 纳仕达、博来、快乐、宜可、爱丽芙 | 圆形方形椭圆 | 利用红外感应原理，实现自动开盖 | 148-798元 |
| 自动换袋垃圾桶 | 京东商城<br>淘宝网 |  | 孙小圣、98 noble | 圆形 | 垃圾桶的底部设置一个垃圾袋收纳装置，将整卷垃圾袋装在里面，垃圾装满后象抽卷纸一样，拿走旧的，换上新的 | 99-155元 |
| 自动捆扎垃圾桶 | 淘宝网 |  | NZZ | 圆形 | 将塑料袋封口机装于垃圾桶一侧，实现垃圾袋便捷封口 | 78元 |

图6　汇总市场调查，寻找合适的方案

根据收集的资料，整理后绘制出自动封口换袋的垃圾桶的模型草图（可以直接使用计算的建模软件，也可以使用各种绘图工具来完成）。

收口装置的最终设计如下图所示。

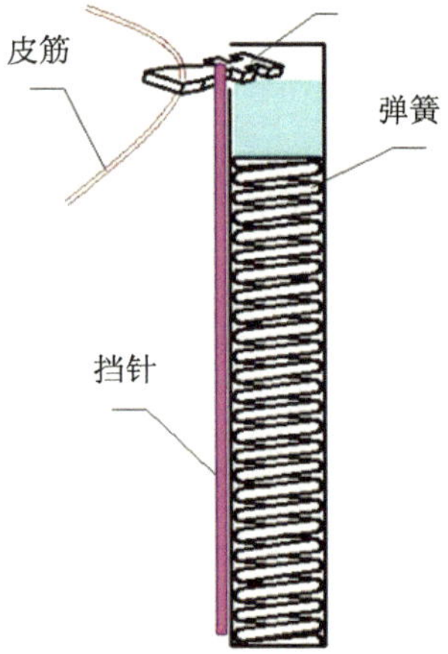


图7　收口装置方案

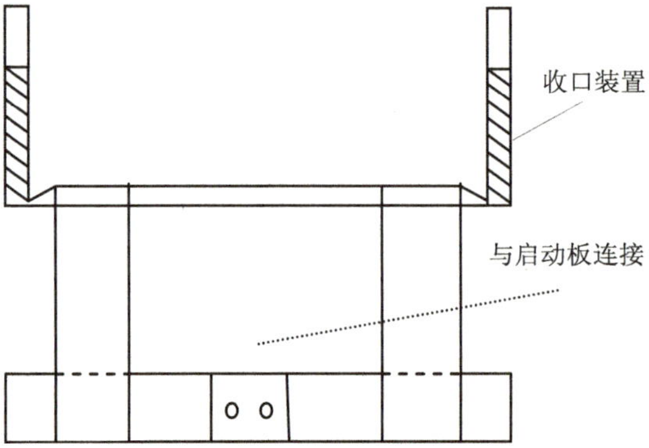


图8　连动装置示意图

## 3. 最终效果

根据手头能够收集到的资源，还可以进行实物模型的改造。

自动封口换袋的垃圾桶的实物模型，最后在用一个自动擦鞋机的基础上进行了改造：

将市场购买的自动鞋套机拆分，保留其出套装置；

根据设计尺寸要求，制作木制连动装置；

制作长踏板，以鞋套机原有踏板为支点形成杠杆，完成启动装置；

将出套装置、连动装置、启动装置连接，至此垃圾桶的机械结构制作完毕；

把机械结构安装在底座上，用三合板制作箱体；

给垃圾袋袋口穿上皮筋，制作专用垃圾袋。

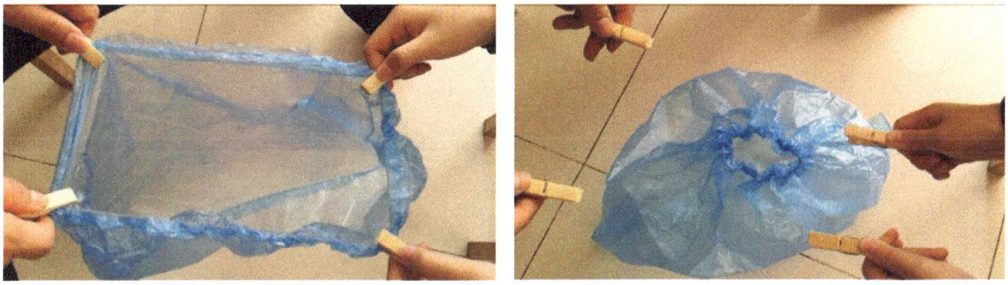

图 9　实物模型中收紧垃圾袋的测试

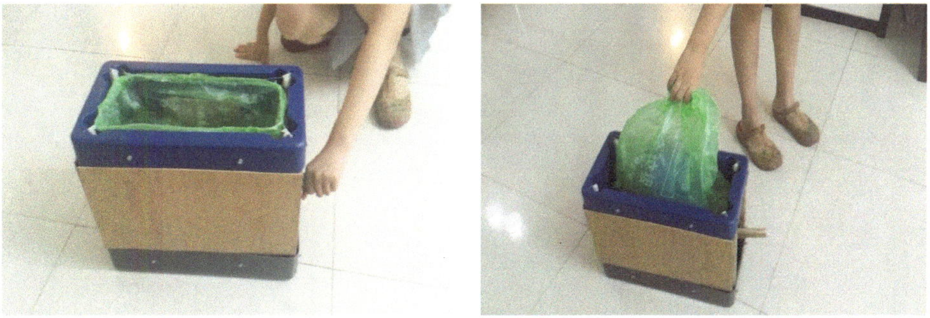

图 10 最终整体的实物模型测试

## 总结

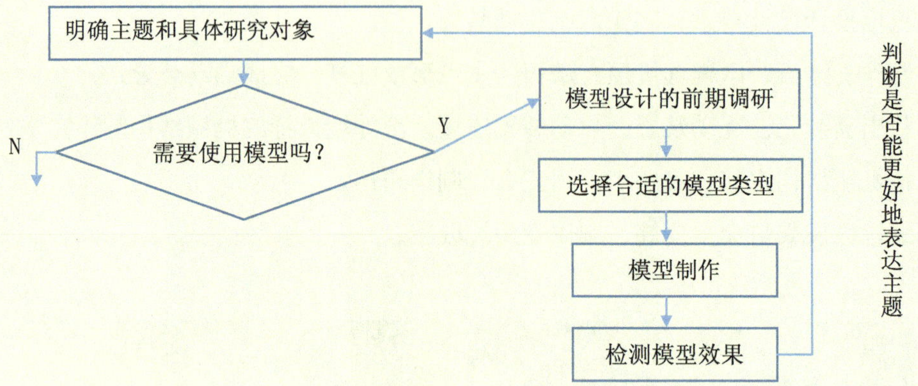
明确主题和具体研究对象
需要使用模型吗？
N
Y
模型设计的前期调研
选择合适的模型类型
模型制作
检测模型效果
判断是否能更好地表达主题

# 成果呈现

# 05

## 如何指导学生准备答辩

北京市宣武青少年科学技术馆　毕　欣

"同学们，我叫'不紧张'！你们呢？"每次在创新项目课题公开展示前的答辩辅导课上，我这样半开玩笑地对学生们说。

学生笑着齐声说："我们……也叫……'不紧张'？！"此刻，这略带犹豫的答复，也许正是他们满心的自信和些许的紧张交织在一起的复杂感受吧。

看气氛轻松起来，我开始讲解答辩方法、技巧和心理调节。

我先向学生强调答辩的要点："一、从研究背景、目的、方法和过程、结论、分析等方面配合展板或 PPT 辅助手段进行阐述，要深入全面地掌握课题领域知识。二、在项目自我陈述的规定时间内，应该做到语言精练、条理清晰、重点突出、详略得当；在自由问辩期间应该做到灵活机动、随机应变。三、言谈举止要彬彬有礼、落落大方、充满信心和朝气、展示青少年的责任意识……"随后，我又给大家举了以往答辩中呈现的反面事例，使同学们一目了然，也引以为戒。

## 现以交通类创新项目为例来介绍：

下面一起来看看北京四中林凯珩同学《城市繁华路段防止非机动车逆行问题的调查研究》课题，从课题项目研究本身来说，现场答辩要具体注意哪些问题呢？

第一，对于这类增设交通装置的课题，答辩准备要特别关注安全性问题和便利性问题的阐述。因为要在城市繁华地段路口增加有效装置来防止非机动车逆行，是否会对逆行人员产生次生伤害？是否会妨碍正向行驶？所以，特别有必要针对该装置的实物模型、实践原理、设计思路、改进和装置逆顺行使用的实验测试数据充分准备。

1：30 模型

1：2 模型

## 实物装置

咨询机械专家，不断设计改进实验完成

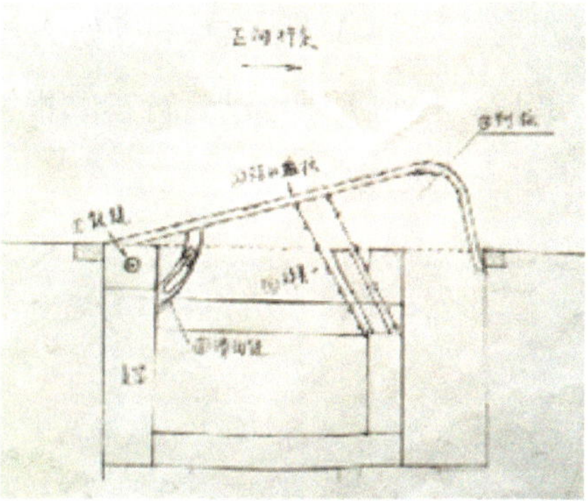

工作原理和改进细化

装置逆行顺行使用的实验测试

经过测试，车辆从顺行方向经过设施，只是经过一个能被压平的踏板，完全是安全的。逆行方向则是一个类似减速坎的突起部分，人们见到减速坎都会本能的减速，而且由于突起部分会被压平，比起目前道路上设置的减速坎会更加安全。

第二，答辩时要关注课题的社会性和必要性问题，可以从以下几个方面回答讲解：

1．交管部门统计数据显示，非机动车逆行的危害：全市电动自行车总数已达 400 万辆，其中 290 万辆为不符合注册登记规定的超标车辆。由非机动车造成的事故率在逐年上升。2014 年全市仅电动两轮车共发生交通事故就有 31 404 起，死亡 113 人，受伤 21 423 人；其中，受伤人数占全市交通事故受伤人总数的 36.7%。2015 年来，"122"接到关于电动自行车的报警投诉 6 000 余起，意见信函 400 余件（《2015 年北京市交通发展年报》）。

2．实地观测结果分析：选择宣武门地区几大繁华路口，进行为期 4 个月的实地观测，选择交通流量少和流量大的时间段分别进行观察、记录。

根据观测结果，我们可以看出，在观测的各城市中心繁华路段，非机动车逆行率基本都在 8%～10%，逆行状况非常普遍，高峰时段更加突出。

3．调查问卷数据统计分析：

非机动车逆行，您的态度是

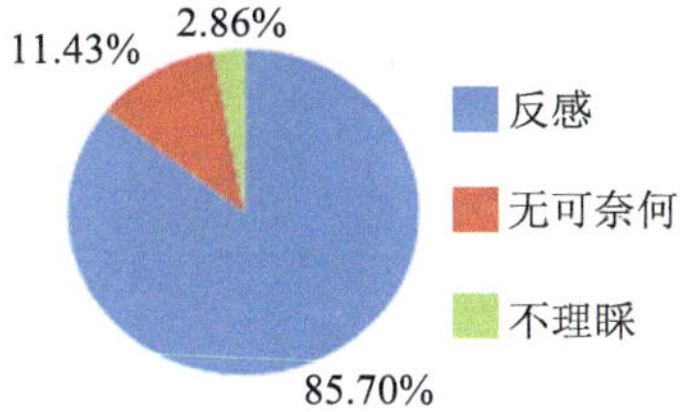


当您看到非机动车逆行，您的做法是

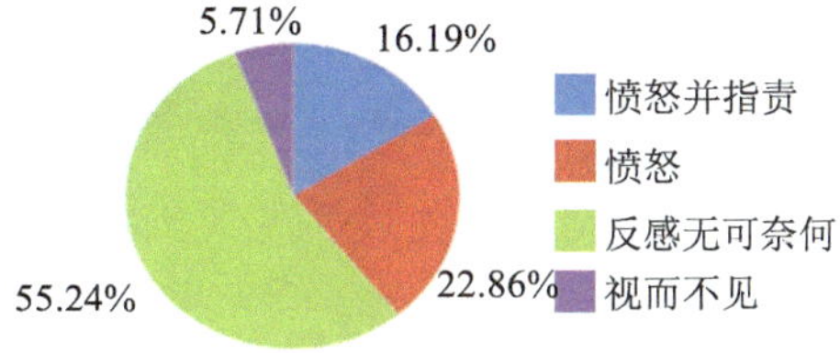


您在过马路时一般关注哪个方向

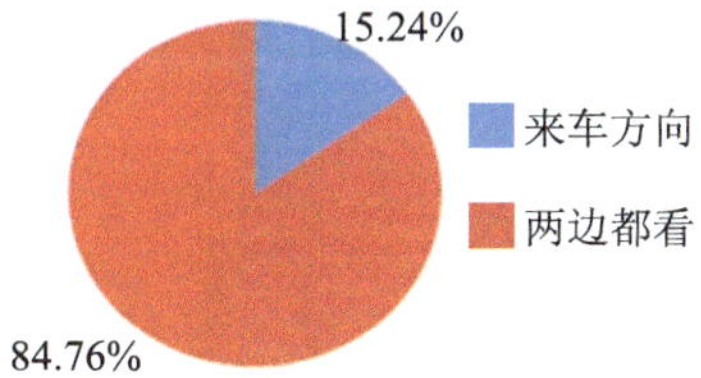


您认为非机动车逆行是否有危险？
如果有，危险具体是什么

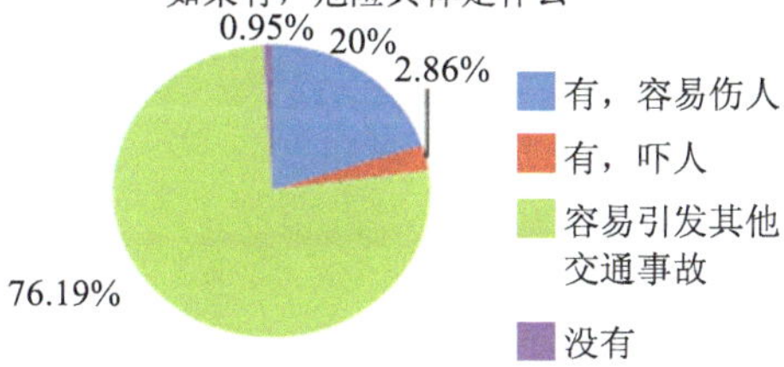


您有没有亲身经历过或亲眼看到过
有人被逆行的非机动车撞伤？

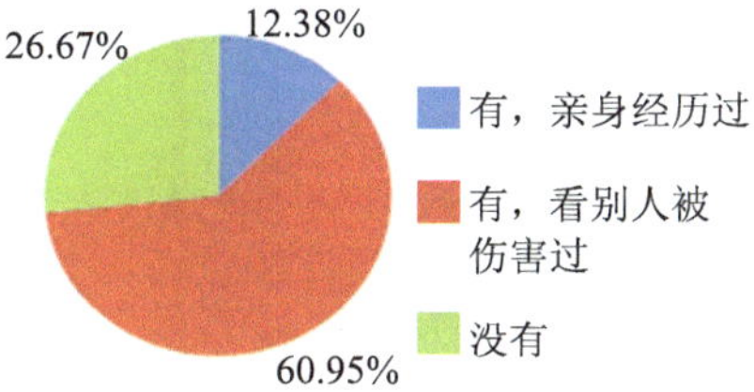


是否经常看到非机动车逆行？

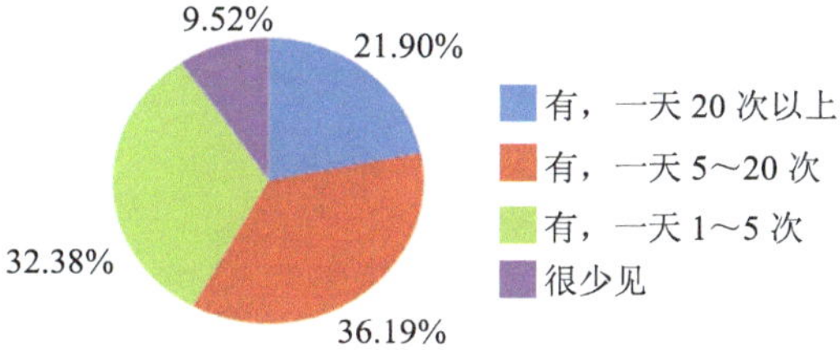


您认为非机动车逆行是否需要治理？
如果需要的话应采用何种方法？

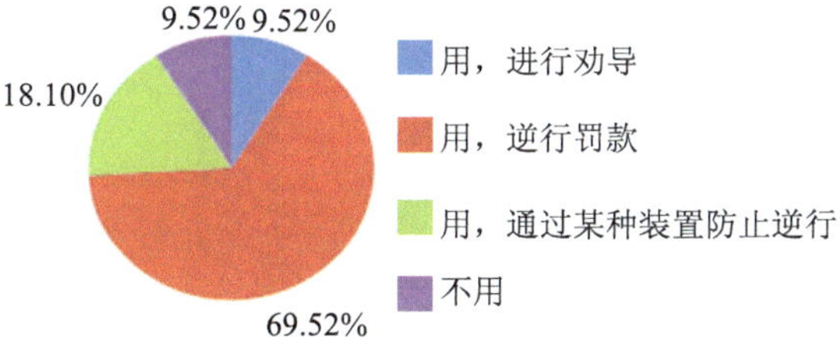


4．访谈主管单位：访谈交管局了解关于非机动车逆行的管理方法及管理现状，仅仅依靠现行的法规和警力尚不能杜绝非机动车逆行问题。学生的观点得到认可：通过设置有效装置来防止非机动车逆行，并得到管理部门对学生项目的表扬信，如下：

林凯珩同学拜访交通管理部门（北京市交通管理局设备设施处）

北京市西城区市政市容管理委员会

表扬信

北京市第四中学：

贵校初三（4）班林凯珩同学进行的《城市繁华路段防止非机动车逆行问题的调查研究》见解独特、创意新颖，积极为解决城市交通问题献计献策，特给予表扬，希望能继续关心城市交通的相关问题。

北京市西城区交通管理委员会

2016年12月8日

相关管理部门给学生项目出具的表扬信、认可该创新项目第三，答辩时关注该项目的可行性研究，可以依据以下几个方面。

1．在大城市中，该设施的投入费用可以承受，试点后再行推广。经咨询加工企业得知，由于该设施结构简单，加工难度不高。按 1 000 件/批次计算，每单个产品成本（设施材料费+加工费）约为 1 200 元；单个产品的成本将随生产数量的增加有一定幅度的减少。

2．安全性可以保障，比起目前道路上设置的减速坎会更加安全。

3．对交通通行速度的促进，逆行者的不断减少还会使正常的行驶速度加快，使道路整体通行速度加快。

4．社会及经济效益：逆行阻碍设施成本低、使用寿命长、施工简单、占路时间短，用尽可能少的成本及人力消耗，协助疏通道路拥堵，降低交通事故率，对经济效益和社会效益及交通安全有着促进和维护作用。

第四，在答辩时关注项目的创新点，创新类科技项目，解决问题的新颖性很重要。

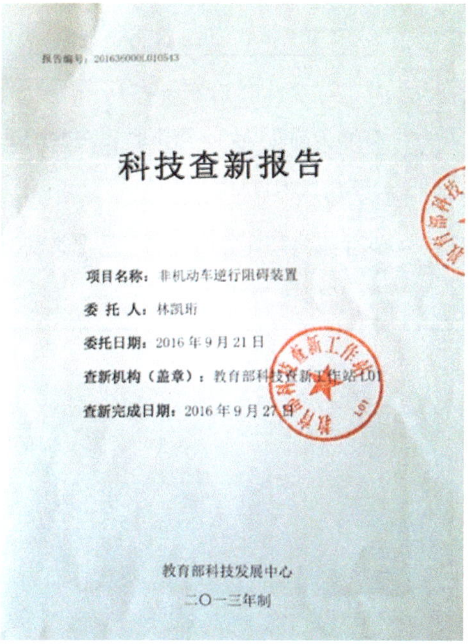
报告编号：201636000L010543

科技查新报告

项目名称：非机动车逆行阻碍装置

委 托 人：林凯珩

委托日期：2016 年 9 月 21 日

查新机构（盖章）：教育部科技查新工作站 L01

查新完成日期：2016 年 9 月 27 日

教育部科技发展中心

二〇一三年制

1．通过北京科技大学科技查新站专业查新（报告编号：201636000L010529）：在国内已公开发表的文献和专利中，尚未见有非机动车逆行阻碍装置（弹性踏板）的报道。

2．提出了利用阻碍装置来防止非机动车逆行优化非机动车道的交通秩序。

3．利用不同角度、坡度达到既不影响正常行驶车辆，又能阻碍逆行车辆的作用。

4．结构简单、便于安装；活动部件少，采用钢结构制造，坚固耐用。安装施工工艺简单，占路时间短。

第五，对课题项目的展望也很重要，学

生要对项目持续关注、不断改进完善。该项目的改进方向是：

1．继续研究为防止夜晚照明不足而造成次生伤害，考虑晚上与市政路灯联动，并设计延时装置和控制装置，使设备能够晚上自动放平，白天自动升起。

2．与交通系统联网，使交管人员能根据秩序管理需要，控制装置的使用与关闭。

第六，答辩时还要注重说明自己在整个研究过程中的贡献，也就是参与度的问题。从选题、设计、实践、理论知识、技术原理、论文撰写等多方面来考察学生对项目的实际参与情况，体现“三自”原则。

总之，现场答辩活动给有思想、有创意的同学们提供了一个展示自己想法的机会，在公共场合陈述自己的观点，是很自豪兴奋和令人羡慕的事情。这些创新课题是同学们从发现的社会问题中提炼出来、带着探索精神和责任感亲自实践的结果。相信同学们对该项目的理解和认识一定很深刻，应该大胆地表达自己的主张，为城市建设献计献策、贡献力量！

**点评**

交通类创新项目，答辩时要注意：安全性、便利性、必要性、可行性、社会性、创新性、技术性、持续性！

这个答辩整体思路，对于各个类别的创新项目都通用，只需再加入各类别的特点即可。

# 成果呈现

# 06

## 逻辑＞表达＞个性

——科学探究讲演PPT的制作及技巧分享

北京市西城区青少年科学技术馆　王　喆　刘浩然

论文答辩是对科学探究及所撰写论文的一种有组织、有准备、有计划、有鉴定的审查的重要形式。学生想要清晰明白地将自己的探究阐述给评委，运用现代技术手段 Office PowerPoint（以下简称 PPT）软件是提高沟通效率的通用手段，能使讲解论证有力、重点突出，还可增强与评委和观众的互动。

但演示文稿在形式上不便用大段文字去叙述，内容上也不能做繁复的注释，如何简洁又不失重点地展示出论文研究中所要体现的科学方法和结论、展现独到的视角和见解，是需要同学们在制作科学探究讲演 PPT 过程中时刻思考的问题。

## 一、每个人都可能经历的故事

酷鹏（化名，一个总身着黑衣自认为也确实很酷酷的男孩）十分得意地向我展示着他的 PPT，"老师，这背景不错吧，符合您说的深色底色要求，还跟我的控烟主题特别搭！"他兴奋地滔滔不绝，而我看着飘散出一丝丝诡异白烟的黑色背景默默郁闷——还以为自己和现在的孩子们挺亲近的呢，怎么完全理解不了他们的审美，难不成自己真的老了？"您看！"酷鹏一声惊呼打断了我的愁思，"我选了半天，这个动画效果是不是特别赞，符合您说的抓人眼球、印象深刻的要求！？"伴着他的解说，一行红色粗体的大字在屏幕上做了个 720°的空翻，然后又颤了两颤才在屏幕正中停住，恩，这是两个华丽型进入方式（"玩具风车"和"弹跳"）的效果叠加。接下来的每一页都像是动画大集合，我的心绪也被带着飞来飞去，完全 follow 不住酷鹏的讲演思路。我抱歉但是果断地打断了他："孩子，个性诚可贵，表达价更高！"

## 二、“表达为本”——简约、精炼

诚然，这是主张个性的时代，创新才能有发展，老师们要“因材施教”，孩子们得“学有所长”，“一刀切”的死板样子不受社会推崇，也不是我们期待看到的。鼓励学生多参与“小院士”这类的科学探究活动，就是在激励他们的自主意识和创新思维；但凡事有度，为了彰显个性而失去更重要的东西就是得不偿失。

讲演 PPT 的目的是把研究的过程、成果和收获传递给更多的人；那么，用大多数人更好接受的方式去表达才是我们在制作过程中要加以重视的。上文提到过的深背景、浅文本和大字体、抓眼球，以及宽行/边距、加粗着重都是符合大众阅读习惯的方式，而尽量多图表而少文字也是对人类读图本性很好迎合的尝试。

| | | | | |
|---|---|---|---|---|
| 白 | 白 | 白 | 黄 | 白 |
| 红 | 紫 | 红 | 红 | 红 |
| 黑 | 黑 | 绿 | 黑 | 黑 |
| 蓝 | 蓝 | 蓝 | 绿 | 蓝 |

（可明显看出深色背景更能凸显文字，浅色文字在深色背景上的阅读舒适度最高）

图 1　讲演 PPT 配色和页面格式设置建议

但科学探究讲演 PPT 又不同于海报设计，还需要符合科学研究的严肃性。因此，在 PPT 背景的选择上应回归简单，避免过于花哨，导致观众过多注意模板，而忽略 PPT 所要表达的实际内容，进而影响到答辩阐述过程和效果。

除了配色和背景的选择，不同字体、字号及行间距以及不同的动画特效，都会带来不同的表达效果；如何呈现最符合科学探究讲演 PPT 的风格，在文后会罗列出具体的选择技巧和参数，供读者参考。

图 2　不同背景和不同字号的效果对比，右图均优于左图

制作讲演 PPT 不仅要注重颜色的选择和格式的设置，在视觉上给人以舒适的感觉，还需要考虑时间的限制因素，更高效地“表达”。对于中小学生来说，一项充分有效的科学研究起码需要三个月时间来完成（有的同学会用超过一年的时间来构思、论证和实施研究），形成的论文几经修改后也至少有 4 000 字，而“小院士”演讲时间只有 4～5 分钟（小学低年级组 5 分钟、小学高年级组 4 分钟、中学组 5 分钟，时间一到立即停止）；在有限的时间内充分、完整、又清晰地传递自己研究的过程、结

果与特点，需要极其强大的信息精简和高度提炼的能力。这是每位“小院士”选手都必须面对的挑战和需要克服的难题。

语言表达上要力求精炼，在熟悉项目和讲稿的基础上，恰当增加连接词（例如“由此得出”“分析可知”“接下来”等）承接讲稿的换页瞬间，适度利用抑扬顿挫的声调和语速变换来凸显重点内容；在视觉上，就要多采用诸如流程图或框架图的模块化表达方式。新版的演示文稿软件中有 SmartArt 图形工具，有七大类型共 115 种模块化图形可选择，其中列表、流程等类型能够很好地表示科学探究过程和结果。

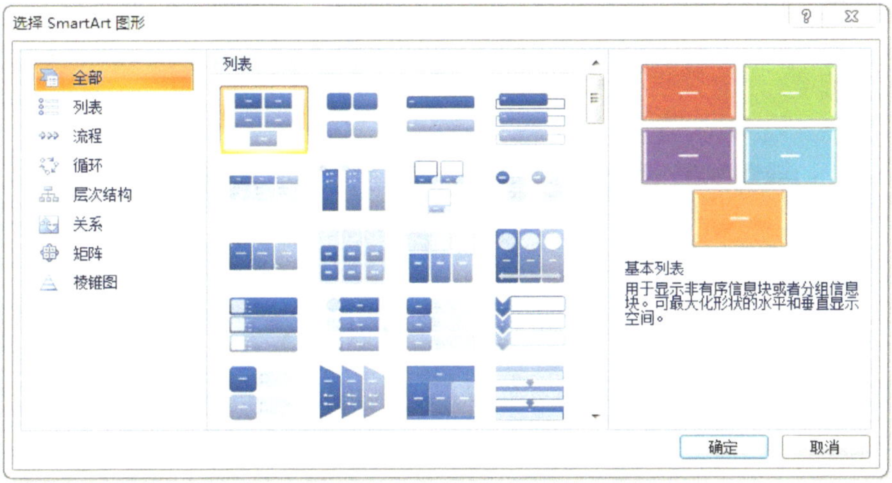


图 3　演示文稿软件自带的 SmartArt 工具可以提供多种类型的模块化图形

例如，列表类的 SmartArt 图形既能很好地表现有序内容，如讲解提纲或目录；还能以最大化形状的水平和垂直空间来显示没有强烈序列的分组内容，如不同研究方法的主要研究成果用列表图形表达，可以在清晰的页面布局中展示多而全面的信息；流程类的 SmartArt 图形则是表现研究步骤的最佳方式，论文中使用的流程框图在横版的演示文稿中展示总是会特别局促，字迹小而紧凑不利于观看，“提出问题”“查阅文献”等所有研究都会涉及的研究步骤的显示也有冗余之嫌……但流程类图形可以用非常简练的方式清晰明了地展示研究的行进路线，以及具体的方法和步骤，再配合着一些研究过程中的照片以增强表达力；循环类图形也有类似流程图形的功效，特别对于工程类研究，循环类图形更能体现出研发中反复调试和纠错的过程。不同类型的 SmartArt 图形各有特色，建议同学们慢慢挖掘发现、找到最适宜的使用。

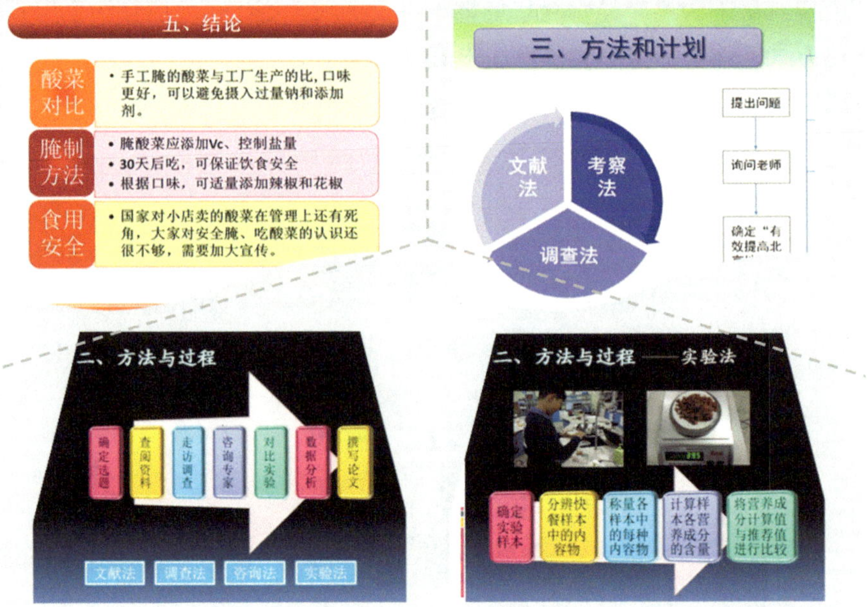


（“列表”适于呈现文字为主的内容，简洁说明目的或阐述结论使用列表是很好的选择；“流程”适于展示探究或实验步骤；“循环”则可以用于介绍使用的研究方法等）

图 4　选择适合的 SmartArt 模块图形

## 三、“逻辑为魂”——清晰、流畅

归根结底，精炼表达的最终要义是——逻辑！这是讲演最最重要的一点，从讲演者本人到展示的演示文稿和讲演人所说的讲演内容，都要有清晰的逻辑感。

对于已走到“小院士”评展最后一步的同学们，这其实也并不难。在科学探究的进行过程中，大家都会慢慢形成聚焦的思路，撰写论文时更是在紧紧围绕为什么研究、研究哪些、如何研究、有何结果的思路上；讲演时，把握好各部分的比重分配、明确着重地表达出来，即可成功。一般来说，和论文一样，一个完整的答辩 PPT 大体应包括标题、目录、内容展示、致谢等几个版块；根据研究方向的不同，内容展示又可以分为研究背景、研究目的、研究方法、研究结果分析、研究结论等几个版块。由于时间限制，PPT 页数一般在 12～15 张为宜，平均到每个版块的页数和时间就能基本确定，“研究结果分析”等重点内容可以分配 2～3 张、用时 1 分钟左右，其他内容都应尽量简洁。

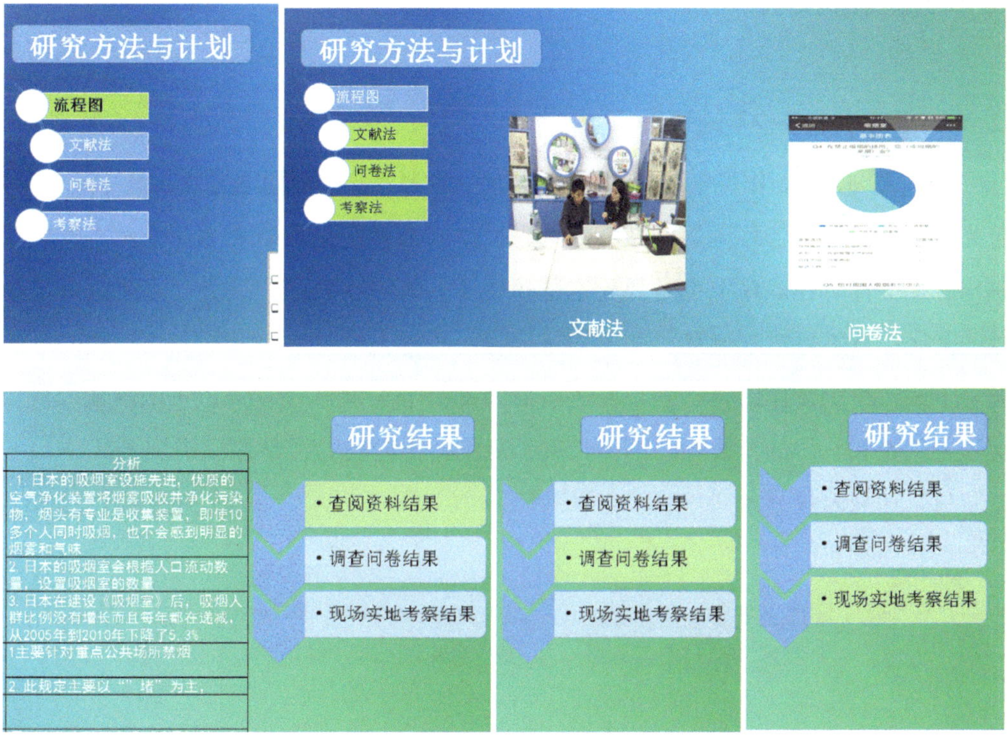


图 5 讲演文稿“逻辑线”的设置方法

同学们经常犯的错误是，觉得自己的某个研究方法特别好，例如一组实验设计得特别精妙，或是得到的数据很棒、做出来的图表很漂亮，就会忍不住过多地介绍实验的各种细节或十分详细的展示数据结果……但这样往往浪费太多时间，其他环节和内容只能一句带过甚至略过不提，整体逻辑就会欠缺。多加练习可以尽可能避免这种状况，在讲演文稿上标示出逻辑线，既提醒自己也提示他人，是更有效的方法。

当然，在整体逻辑清晰的前提下，适当突出展示自己项目的特点，也是凸显个性的方式；另外，不同项目采用不同逻辑顺序进行表达，也能呈现出不同的效果，例如，社科类项目运用从问题的发现到问题的解决的顺叙逻辑、发明类项目先展示成果再反过来介绍研究背景和研究过程的倒叙逻辑等。

## 四、“举一反三”——科学研究讲演 PPT 制作要点与技巧

再次强调，在制作科学研究讲演 PPT 时一定要牢记“个性诚可贵，表达价更高；若为逻辑顾，全部皆可抛”的核心准则，简单来说就是逻辑＞表达＞个性，所以在制作讲稿文件时在顺序上也是要先定逻辑调子、再完善表达，最后一步才是凸显个性的美化，万不可本末倒置。

下面，给出制作逻辑感强、表达清晰又具有个人特色的讲演 PPT 的速成公式、流程方法论和具体细节技巧，期待大家都能制作出完美的科学探究讲演 PPT。

（1）速成公式

好讲稿/好 PPT ＝ 忠于论文，明确逻辑 ＋ 精简版面，清爽表达 ＋ 动画和侧重，凸显个性

（2）制作流程方法论

**确定逻辑基调**

- 最好暂时放弃电脑，用记录本把自己想展示的研究内容按照清晰的条理写出来，让自己的思路一目了然
- 推荐遵循论文的逻辑思路，建议使用思维导图

**内容要素齐全**

- 标题、目录、研究背景、研究目的、研究方法、研究结果分析、研究结论等版块不可缺少
- 视情况增加致谢、参考文献、下一步设想等版块内容

**完善表达形式**

- 模块化内容：多图少字，适当选择使用SmartArt、图表和文本框
- 梳理、标示逻辑线，统一字体，调整字号、间距和配色，重点内容要醒目；杜绝出现错别字

**美化和个性**

- 标题类文字、重要结果性图片和精简性结论，适当添加动画效果，尽量减少使用“华丽型”效果，全篇不要超过两个
- 选择与项目主题切合、贴近的演示模板或背景图

**设置修改**

- 适当剪裁和压缩图片，避免因PPT文件过大而导致播放不流畅
- 将PPT转为较低版本，避免出现不兼容的现象的问题，有链接和视频的尽量提前尝试

（3）具体内容版块设置

| 版块内容 | 页数与时间安排 | | 设计建议 | 注意事项 |
|---|---|---|---|---|
| *研究标题 | 1 页 | ＜10s | 一般用研究题目加图片的组合格式，要选择能够代表研究内容的照片或图片，尽量与研究题目相呼应 | 不能出现姓名、学校和辅导教师等信息的文字或图片 |
| *研究背景 | 1 页 | ＜15s | 用简洁明了的语言写明是研究什么，在什么因素促成下研究的，为什么要对此进行研究。要开门见山，直接切入正题，明确内容，可适当引用热点新闻或者图片 | 杜绝“假大空”，如“随着社会和经济的发展，我的研究变得越来越重要” |
| *研究目的 | 1 页 | ＜15s | 直接拷贝论文内容即可，一般是 3～4 个 | 动词开头、递进列出，尽量简洁 |

| 版块内容 | 页数与时间安排 | | 设计建议 | 注意事项 |
|---|---|---|---|---|
| *研究方法 | 1～2 页 | ＜30s | 使用流程图可以清晰描述研究的环节和过程，并能展现探究的逻辑性，可用 PowerPoint 自带的绘图工具，但更建议把论文中的流程图简化后直接粘贴。要避免框大线多文字小 | |
| | | | 可与结果合并，也可单独列出；可以几个方法分开放置也可合在一张 PPT 上，但都应尽可能配上研究照片为证，加以解释，文字阐释要简明扼要、画龙点睛 | 分开放置方法内容详尽，但重复播放且无法预览全部；合并放置需在讲解结果时补充说明，否则会阐述不清说理不明 |
| *研究结果与分析 | 2～4 页 | ≈1min | 展示的重中之重！展现核心思路和方法（需与方法一一对应）。不求面面俱到，但关键方法、步骤要详细说明，必要时可将模型或核心过程展现出来，以体现研究的科学严谨 | 庞杂数据用图表展示，适当选择直方图、曲线图等，但同一页中，要避免多个图表同时出现，导致格局紧张，字体和图形缩小，不利于观看 |
| *研究结论 | 1～2 页 | ＜45s | 文字措辞严谨、语言简洁、重点突出；播放时，可加动画逐条出现 | 切忌浮想联翩，加入与结论无关的内容 |
| 参考文献 | 1 页 | ＜15s | | |
| 下一步计划 | 1 页 | ＜15s | | |
| 致谢 | 1 页 | ＜5s | | |

（4）格式与个性化设置

① PPT 背景

- 尽量选择同一个底色的背景，至少要在文字或图片的地方保持同一颜色。如果采用两种或多种底色，且反差较大，则文字颜色搭配难以达到协调。
- 文字或图片颜色不能过于接近底色，要有一定对比度，否则容易造成文字不清晰，图片不明显。
- 对配色没有经验，计算机的色彩也未经过校正，电脑屏幕上的显示与投影仪屏幕上会有较大差别。特别是底色和文字色相近的配置，在光线很亮的地方效果就会很差。因此推荐使用白色底（可以选择黑色字、红色字和蓝色字，如果觉得不够丰富，可改变局部的底色，这也是最被广泛应用的背景颜色）、蓝色底或黑色底（可选择以白色字或黄色字。但要避免整体配色过于暗淡）。

② 字体、字号与行间距

- ◆ 字体：首推微软雅黑，宋体、黑体也都是不错的选择；要尽量避免使用非常规字体，未在答辩使用电脑上安装的其他字体会导致格式变化、移位。
- ◆ 字号：一般标题使用 40 号字，正文中如要突出重点，可将字号设置为 24～30 号，但不要小于 20 号；过小的文字不利于评委和观众观看。
- ◆ 行间距：根据字体的大小，行间距可在固定值 24～30 磅进行适当调整。

③ 动画效果的选择

- ◆ 如果确实需要在不同时间显示同一幻灯片上的内容，可以考虑使用动画。
- ◆ 如非必要，不推荐使用复杂动画，简单的淡入效果就可以。
- ◆ 尽量避免过多的幻灯片上下翻动，而导致浪费宝贵的答辩时间。